Heinz Körner & Roland Kübler

Männertraum(a)

Ein Lesebuch für Erwachsene

mit Beiträgen von
Ernest Borneman,
Erich Rauschenbach und
Adalbert Schmidt

lucy körner verlag

© 1984 lucy körner verlag
Postfach 11 06, 70701 Fellbach

Alle Rechte vorbehalten, soweit nicht anders vermerkt.

1. Auflage Oktober 1984
2. Auflage Dezember 1984
3. Auflage August 1985
4. Auflage März 1987
5. Auflage Februar 1988
6. Auflage Oktober 1988
7. Auflage April 1989
8. Auflage Februar 1990
9. Auflage Juni 1990
10. Auflage Oktober 1990
11. Auflage Juni 1991
12. Auflage Mai 1992
13. Auflage September 1993
14. Auflage Dezember 1995

Satz und Druck: J. F. Steinkopf Druck GmbH, Stuttgart
ISBN 3-922028-08-X

Ich habe
ein neues Spiel
entdeckt:

Ich spiele
mit offenen Karten.

Schön,
daß du
mitspielst!

(Monika Pfänder)

Wir danken allen, die an der Herstellung dieses Buches mit Rat und Tat beteiligt waren, ganz besonders aber Horst Obleser, Corina, Judith und Lucy.

Heinz Körner und Roland Kübler

Warum verlegt ausgerechnet eine Frau ein solches Buch?

Frauen und Männer bleiben sich gegenseitig nichts schuldig – sie greifen nur zu verschiedenen Mitteln und benutzen jeweils ihnen gemäße Methoden: Der eine Teil wählt eher die subtile Art, der andere zieht die direkte Methode vor, bis hin zu körperlicher Mißhandlung und Gewalttätigkeit.

Hier soll die Situation einmal aus dem Blickwinkel der Männer betrachtet werden. Dies kann auch Frauen helfen, ihre Partner besser zu verstehen und manches an sich selbst klarer zu sehen.

Lucy Körner

Anstatt eines Vorwortes

Vorworte von Herausgebern werden in der Regel überblättert. Deshalb soll in diesem Buch, wie auch in den anderen Titeln der Reihe „Ein Lesebuch für Erwachsene", ein Märchen erzählt werden, welches in das Thema einführt und gleichzeitig verdeutlicht, was die Herausgeber mit diesem Buch aufzeigen wollen:

Immer wenn die Wellen kleine Schaumkronen tragen, flüstern sie miteinander und erzählen sich Geschichten – so jedenfalls berichten es die alten, weißhaarigen Männer mit den rissigen Fischerhänden. Und die von lebenslanger Arbeit gebeugten Rücken der Frauen krümmen sich noch ein wenig mehr; denn immer, wenn sie dies hören, zwinkern sie sich zu und meinen: „Die Wellen schwatzen bestimmt nicht soviel wie unsere alten Männer" – die den ganzen Tag im Schatten der knorrigen Bäume auf dem kleinen Dorfplatz sitzen.

Dem kleinen Philip und der gleichaltrigen Aydin war es recht gleichgültig, ob sich die Wellen Geschichten zuraunen oder nicht. Die beiden saßen gerne zusammen am Meer und fanden das Spiel des Windes und der Wellen wunderschön. Stundenlang konnten sie so sitzen und schweigend das Meer beobachten. Manchmal zeigte Philip auf eine große Seemöwe, die sich in die Wellen stürzte, um einen Fisch zu fangen. Und Aydin klatschte vor Freude in die Hände, wenn sie einen Fisch aus den Wellen springen sah, stupste Philip und deutete aufgeregt ins Wasser: „Da! Schau nur!" Aber meist war der Fisch dann schon wieder im Wasser verschwunden und nicht mehr zu sehen. Philip und Aydin kannten sich schon, so lange sie zurückdenken konnten. In benachbarten Hütten waren sie fast gleichzeitig zur Welt gekommen. Gemeinsam lernten sie sprechen. Bei ihren ersten, unsicheren Schritten schien es, als ob sich die beiden gegenseitig anfeuern und unterstützen würden. Sie hielten sich, wenn sie wacklig auf den noch kurzen, ungeübten Beinchen standen und richteten sich aneinander auf, wenn einer von beiden hingefallen war. Später strolchten sie zusammen durch die winkeligen Gäßchen des kleinen Fischerdorfes, entdeckten die Geheimnisse der Klippen, saßen bei den alten Männern im Schatten der Bäume und überwanden zusammen die Angst vor der schäumenden Kraft des unendlichen Meeres.

Das Leben im Dorf war nicht einfach. Die jungen Männer gingen Tag für Tag fischen und die Frauen versuchten, dem kargen, felsigen Boden ein wenig fruchtbare Erde für Gemüse und Früchte abzutrotzen. Hier und dort blökten einige Schafe, und die wenigen Kühe gaben gerade genug Milch für ein wenig Butter und Käse.

Nur selten kamen Fremde in diese Gegend. Zum wöchentlichen Markt in der nächsten Stadt führte ein langer, verschlungener Fußweg. Um den Markt rechtzeitig zu erreichen, mußte man schon vor Sonnenaufgang aufbrechen.

Philip und Aydin kümmerte dies alles lange Jahre nicht. Es gab so vieles gemeinsam zu erforschen: In den zerklüfteten, wilden Klippen, in denen der Wind oft eine traurige Melodie sang, in der weitgeschwungenen Bucht und im Schatten der Häuser, die sich eng aneinander schmiegten. Jeder Tag begann für die beiden mit der Vorfreude auf ein neues Abenteuer, das es zu bestehen und zu teilen galt. Gemeinsam wurden Philip und Aydin älter, und sie hatten sich sehr gerne.

An einem strahlend klaren Frühlingsmorgen sollten die beiden zum ersten Mal in die Stadt gehen, um frisch gefangenen Fisch zu verkaufen und Handwerkszeug sowie einige andere Dinge für das Dorf einzukaufen. Die beiden waren sehr stolz, weil ihnen diese Aufgabe anvertraut wurde. Vor lauter Aufregung hatten sie in der Nacht zuvor kaum schlafen können.

Es war fast noch dunkel, als sie am Dorfplatz die vollen Fischkörbe schulterten. Die Dorfbewohner gaben den beiden noch einige gutgemeinte Ratschläge mit auf den Weg. Als Philip und Aydin das Dorf verließen, färbten die ersten Sonnenstrahlen den morgendlichen Himmel.

Zuerst war ihnen noch alles bekannt und vertraut. Der Weg führte vorbei an den kleinen Gemüsebeeten, an den Pferchen für die Schafe und Kühe. Dann schlängelte er sich in engen Serpentinen auf einen Hügel. Von dort konnten sie nochmals sehen, wie ihr kleines Dorf sich an den Rand der Klippen duckte.

Danach war ihnen alles fremd und neu. Ein wenig ängstlich gingen die beiden Hand in Hand weiter. Der staubige Weg durchschnitt eine weite Ebene, und dahinter stand ein dichter Wald. Noch nie zuvor hatten die beiden gesehen, daß auch das Land so grenzenlos weit sein kann wie das Meer.

„Es ist so still hier", flüsterte Aydin und schaute Philip von der Seite an.

„Ja", gab dieser ebenso leise zurück, „das Meer ist nicht mehr zu hören. Es ist richtig unheimlich."

Aufmerksam sah sich Philip um. Doch er konnte nichts entdecken, was ihm bedrohlich schien. Aydin pfiff ein wenig vor sich hin. Sie schien gar nicht mehr so ängstlich zu sein. Auch Philip fühlte sich langsam sicherer. Seit sie nicht mehr versuchten, das verschwundene Rauschen des Meeres zu hören, nahmen sie plötzlich viele andere Geräusche wahr. Zikaden lärmten in den kleinen Sträuchern, und Vögel, die durch die ungewohnte Störung erschrocken aufflatterten, zwitscherten aufgeregt.

„Schau, der Weg führt direkt in den Wald". Aydin deutete nach vorne.

„Ich hätte nicht gedacht, daß ein Wald so aussieht!" Philip hielt sich schützend die Hand über die Augen, um bei dem grellen Licht der Sonne besser sehen zu können. „Komm, laß uns schneller gehen. Ich bin schon richtig gespannt, wie es dort ist."

Am Waldrand angekommen, blieben sie stehen und blickten staunend auf die ersten Bäume. Stark waren sie und groß. Und alt sahen sie aus und mächtig. Aydin ließ Philips Hand los und berührte die Rinde eines Baumes. „Sie fühlt sich ganz warm an", sagte sie, ohne sich umzudrehen. Auch Philip stand an einem Baum. „Du hast recht", erwiderte er und seine Hände tasteten über die zerfurchte Haut des Baumes, „es ist, als würde er leben."

Langsam und vorsichtig, so als würden sie dem festen Grund nicht trauen, wagten sie die ersten Schritte in den unbekannten Wald. „Schau mal, dieser Baum hat rote Blätter", freute sich Aydin, nachdem sie einige Zeit schweigend nebeneinander hergelaufen waren. Zur gleichen Zeit aber deutete Philip nach links in den Wald: „Da, an diesem Baum hängen seltsame Zapfen. Ob man die wohl essen kann?" „Ein Eichhörnchen!" Aydin hüpfte ganz aufgeregt von einem Bein aufs andere und zeigte nach rechts in den Wald, „wie kann es nur so schnell die Bäume hinaufklettern?"

Philip stolperte fast vor Aufregung, fuchtelte heftig mit der Hand und wies auf seiner Seite des Weges in den dichten Wald. „Hast du das gesehen? In diesen Baum hat bestimmt der Blitz eingeschlagen. Er ist genau in der Mitte gespalten." Er blieb ein wenig zurück, um den seltsamen Stamm genauer zu betrachten. Aydin bemerkte es nicht. Sie hatte schon wieder etwas Neues entdeckt: „Nein, sowas", sagte sie, eigentlich mehr zu sich selbst, „sogar auf den Steinen wachsen hier kleine Blumen."

„Wart' auf mich", rief ihr Philip nach. Aber Aydin hörte ihn nicht. Gerade war sie einige Schritte in den Wald hineingegangen, um sich diese kleinen Blüten auf den Steinen anzusehen. Und auch Philip blieb plötzlich wie angewurzelt stehen. Vor ihm überquerte ein kleiner goldschillernder Käfer unbeholfen den Weg. „Ist er nicht wunderschön?", sagte er leise und ließ sich auf die Knie nieder, um den Käfer besser beobachten zu können. „Sowas habe ich noch nie gesehen!" rief er dann sehr laut. Aber Aydin hörte ihn nicht. Im feuchten Schatten einiger Bäume hatte sie eine Menge kleiner Pilze entdeckt. Sie kicherte: „Was in einem Wald alles wächst! Bei uns im Dorf gibt's das wirklich nicht."

Als sie aufblickte, sah sie einige Schritte entfernt ein Reh stehen. Die großen braunen Augen blickten so sanft und ruhig, daß Aydin keine Angst spürte. Langsam ließ sie den großen Fischkorb auf den Boden gleiten und ging vorsichtig einige Schritte auf das Tier zu. Doch bevor sie es erreichen konnte, drehte es sich um und tänzelte spielerisch hüpfend davon. „Philip! Philip!" Aydin suchte aufgeregt zwischen den Bäumen, ob sie das Reh vielleicht doch noch sehen konnte. „Komm schnell her, ich habe ein Reh gesehen!" Doch Philip war auf der anderen Seite des Weges in den Wald gegangen. Er hatte dort einige mit Moos bewachsene Felsen gesehen und wollte sie genauer untersuchen. Als er vor ihnen stand, bemerkte er plötzlich den efeubehangenen Eingang einer kleinen Höhle. Er lehnte seinen Fischkorb an einen Baum und tastete sich zögernd, Schritt um Schritt, in das Dunkel der Höhle vor. Als er wieder herauskam, schrie er laut nach Aydin. Aber die konnte ihn nicht hören, denn sie saß weit entfernt im Wald an einer kleinen Quelle, die sie gefunden hatte, als sie dem Reh gefolgt war. Wenn nur Philip hier wäre und das sehen könnte, dachte sie und schrie so laut sie konnte: „Philip! Philip! Komm her! Ich will dir etwas zeigen!"

Angestrengt lauschte sie auf eine Antwort. Aber nur einige Vögel krächzten mißmutig, und der Wind strich zärtlich über die wispernden Wipfel der Bäume. „Das ist ja mal wieder typisch für ihn." Aydin schüttelte ärgerlich den Kopf. „Kaum passe ich nicht auf, schon ist er irgendwohin verschwunden." Sie versuchte durch das dunkle Gewirr von Gräsern, Büschen und Bäumen zu schauen. Aber sie konnte weder Philip noch den Weg ausfindig machen. Auch Philip war ärgerlich. Wie gerne hätte er Aydin die Höhle gezeigt. Er war richtig stolz darauf, sie gefunden zu haben. „Das hätte ich mir ja denken können", sagte er zu sich, „kaum sieht sie etwas Neues, ist sie nicht mehr zu halten. Ich kann doch wirklich nicht die ganze Zeit aufpassen!" Wütend warf er einen kleinen Stein in den Wald. Er wollte sich schon umdrehen, um nach Aydin zu suchen, da hörte er ein lautes Plätschern und erschrecktes Quaken. Der Stein mußte in einen See gefallen sein. Sofort wandte sich Philip in die Richtung, in welche er den Stein geworfen hatte. Tatsächlich, schon nach wenigen Schritten sah er einen kleinen Tümpel durch das verwachsene Gestrüpp schimmern. Auf die Oberfläche des Wassers hatte der Stein kleine und große Kreise gezeichnet, die sich langsam immer weiter ausdehnten. Immer noch beschwerten sich die Frösche mürrisch über die plötzliche Störung. Auf dem Tümpel schaukelten sanft einige Seerosen und die kleinen Wellen leckten die blankgescheuerten Kiesel am Ufer. „Aydin! Aydin!" Philip brüllte so laut er konnte. Wieder quakten erschreckt und empört die Frösche. „Aydin! Komm schnell her! Ich hab einen See gefunden! – Und eine Höhle!" schickte er noch schnell hinterher. Aber, so angestrengt Philip auch lauschte, er hörte keine Antwort. Blöde Ziege, dachte er, selbst schuld, wenn sie nicht bei mir bleibt. Dann schau ich mir eben alles alleine an.

Ähnliche Gedanken hatte Aydin. Mehrmals hatte sie Philip gerufen, doch er hatte sich nicht gemeldet. Dieser Angeber, fuhr es ihr durch den Kopf, immer muß er alles alleine machen. Aber bitte, wenn er nicht will, soll er doch bleiben, wo er ist!

Lange streiften Philip und Aydin, jeder für sich, durch den fremden Wald. Es gab so viel Neues zu entdecken und zu erforschen. Beide wünschten sich zwar immer wieder, daß es schön wäre, all die Pflanzen, die farbenprächtigen Blüten und die vielen Tiere gemeinsam mit dem anderen zu erleben. Aber daran, daß sie allein waren, hatten sie ja bestimmt keine Schuld.

Philip jedenfalls war sich sicher: Er hatte es nicht gewollt. Und Aydin konnte sich auch keine Schuld daran geben, daß Philip ihr nicht gefolgt war. Diese Erklärung beruhigte die beiden eine Zeitlang. Aber gegen die Angst, die plötzlich in ihnen war, half sie nicht.

Lange suchten beide den Weg zurück durch den dichten Wald, um den andern zu finden. Oft trafen sie dabei auf den staubigen Fußpfad, der vom Dorf in die Stadt führte. Manchmal blieben sie eine Zeitlang auf diesem Weg, in der Hoffnung, den anderen zu treffen. Aber immer wieder gingen sie in den Wald zurück, um weiter zu suchen. Weil aber beide Angst vor dem unbekannten Wald auf der gegenüberliegenden Seite des Weges hatten, wagten sie nie, auch einmal dort zu suchen.

Schließlich kehrte Aydin eines Tages erschöpft und müde in das kleine Fischerdorf zurück.

Die Schafe blökten und das Meer lag still unter dem letzten Sonnenrest eines heißen Tages. Die alten Männer saßen unter den knorrigen Bäumen auf dem Dorfplatz und blickten Aydin entgegen, die mit schleppenden Schritten und hängenden Schultern auf sie zukam. Kleine Staubwolken wirbelten um ihre Füße und die Sonne flimmerte darin, während sie träge wieder zurücksanken. Die Frauen krümmten die gebeugten Rücken noch mehr und tuschelten miteinander. Aydin setzte sich zu den Alten und wollte beginnen, sich zu entschuldigen, wollte erklären und so vieles erzählen. Aber einer der Alten lächelte still und strich ihr sachte über den Kopf: „Sag nichts – wir wissen es schon. Du warst wohl auch nicht in der Stadt. Ich kann das gut verstehen." Der Alte lächelte verschmitzt. „Philip war hier. Er hat uns alles erzählt. Er sucht dich."

„Aber wo ist er dann?" Aydin starrte verzweifelt in die Augen des Alten, konnte darin aber keine Antwort finden. „Ich habe ihn so lange gesucht – überall im Wald. Er hat mich nämlich einfach alleingelassen."

„Seltsam", sagte einer der Alten, „das hat uns Philip auch gesagt. Dann ist er wieder losgezogen, um nach dir zu suchen."

„Er ist also wieder zurück in den Wald?" Aydin sprang auf. „Ich muß sofort los! Ich finde ihn bestimmt!"

„Das hat Philip auch gesagt, als er ging." Der Alte schaute in den verglühenden Abendhimmel. „Ihr werdet euch nicht finden!"

Langsam setzte sich Aydin wieder hin. „Warum sagst du das?"
Der Alte blickte sie ernst an: „Wo hast du Philip gesucht?"

„Überall im Wald und auf dem Weg. Warum werden wir uns nicht finden?"

„Wo willst du jetzt suchen?" Der Alte sah hinüber zu den Frauen.

„Nun dort, wohin er mir nicht gefolgt ist. Da sucht er mich doch."

„Ihr werdet euch nicht finden", wiederholte der Alte, „denn Philip sucht dich dort, wohin du ihm nicht gefolgt bist."

„Aber nein!" Aydin war wieder aufgesprungen. „Er ist doch mir nicht nachgegangen. Wenn er mich sucht, kommt er bestimmt dorthin, wo er mich vermutet."

Auch der Alte hatte sich jetzt erhoben: „Das gleiche hat Philip auch gesagt." Er legte einen Arm um Aydins Schulter und deutete mit dem anderen über den Dorfplatz in die Richtung des Weges. „Schau", sagte er und seine Stimme klang ein wenig traurig, „dies ist der Weg, den ihr gemeinsam gegangen seid. Dann habt ihr vieles für euch selbst entdeckt und den anderen dabei verloren. Du mußt deinen Weg alleine finden, Aydin. Aber wenn du ihn mit Philip gehen willst und er ihn mit dir, dann müßt ihr dort suchen, wo ihr den anderen finden könnt. Meinst du nicht, daß es wichtig ist, den anderen wirklich zu suchen – nicht nur, sich von ihm finden zu lassen."

Lange Zeit war der Alte dann still. Er blickte hinaus auf das Meer, dorthin, wo sich am Horizont Tag und Nacht begrüßten.

Fellbach, im Oktober 1984   Roland Kübler

Ernest Borneman

Mann kaputt?

Mit der männlichen Sexualität klappt's nicht mehr. Ob das nun daran liegt, daß das männliche Selbstbewußtsein durch die nagende Kritik der Frauenbewegung angeknackst ist, oder ob die Männer von selbst zu der Überzeugung gelangt sind, die tägliche Anmache sei zu anstrengend, ist unerwiesen.

Jedoch hat es im Laufe des letzten Jahrzehnts kaum eine ernst zu nehmende sexualwissenschaftliche Untersuchung gegeben, die nicht auf einen grundsätzlichen Wandel im Verhalten der Geschlechter hindeutet. Auch das wenige, was wir über die Geschlechterverhältnisse in der DDR, der CSSR und der VR Polen wissen, weist in die gleiche Richtung. Selbst die Ergebnisse meiner eigenen 24jährigen Längs- und Querschnittuntersuchungen zur Kindersexualität zeigen eine unmißverständliche Umpolung der Geschlechterrollen – oder zumindest dessen, was die Kinder als ihre geschlechtlichen Rollen betrachten.

In den Kinderversen, in denen früher der kleine Bub die führende Rolle spielte, wird sie heute von dem kleinen Mädchen gespielt. In den Kinderversen und Kinderliedern, die auf der Dialogform aufgebaut sind und die späteren Sozialrollen der Geschlechter einüben, ist es nicht mehr der Knabe, der um das Mädchen wirbt, sondern das Mädchen, das die Rolle des aktiven, werbenden Partners übernommen hat. Bei den Papa-und-Mama-Spielen spielt die „Mama" heute meist die aktive, der „Papa" dagegen die passive Rolle. Beim Onkel-Doktor-Spiel spielt das Mädchen heute meist den Arzt, der Knabe den Patienten. Bis zum Ende des Zweiten Weltkriegs war es in allen europäischen Ländern umgekehrt.

Die Soziologen, die Sexualreformer und die Frauenbewegung bewerten diese neuen Entwicklungen als positiv, weil sie ein Gegengewicht zum Patriarchat, zur Illusion des Mannes, er sei das „stärkere", das „aktive" Geschlecht, und zur Ausbeutung der Frauen durch die männerrechtliche Gesellschaftsordnung setzen. In der Sexualtherapie dagegen beginnen Zweifel an der stabilisierenden Wirkung der neuen Sexualrollen aufzutauchen. Denn die Anzahl der funktionellen Sexualstörungen steigt nicht nur bei Männern, sondern auch bei Frauen, nicht nur bei Heterosexuellen, sondern auch bei Homosexuellen. Nun kann man mit Recht plädieren, es sei besser, die sexuellen Konflikte offen auszutragen, als sie mit Methoden von der Naivität der meisten Sexualtherapeuten zu kitten. Man kann sogar argumentieren, eine aus schierer Verzweiflung abgebrochene Partnertherapie habe positiven Wert, wenn sie den Betroffenen klarmacht, ihre Probleme lägen tiefer als auf der Ebene der Sexualität.

Die Vorstellung, sexuelle Störungen ließen sich reparieren, wenn man nur den richtigen Arzt fände und genug Geld hätte, um ihn zu bezahlen – diese aus den USA importierte und bei uns immer populärer werdende Vorstellung ist sicherlich illusionär. Im Gegenteil, sexuelle Störungen geben stets über mehr als über Sexualität Auskunft und betreffen stets mehr Personen als eine. In diesem Sinne sagen die sexuellen Funktionsstörungen auch etwas über die sozialen Gründe des Scheiterns der sogenannten sexuellen Revolution aus. Denn die Tatsache, daß an die Stelle des sowohl von den Sexualreformern wie von der Frauenbewegung erhofften Zuwachses von Zärtlichkeit ein allgemeiner Schwund an libidinösem Interesse (also auch an Zärtlichkeit) getreten ist, muß gesellschaftliche und nicht nur medizinische Gründe haben. Auch die Tatsache, daß an die Stelle des erhofften Abbaus von ejakulatorischem Leistungsdruck bei Männern und orgasmischer Leistungsvortäuschung bei Frauen keineswegs eine bessere und offenere Beziehung der Geschlechter, sondern ein enormer Anstieg von Impotenz und Frigidität getreten ist, läßt sich nicht mit sexualmedizinischen Gründen erklären.

Gerade bei jenen Gruppen, die sich am meisten um eine fortschrittliche, gleichberechtigte, von Dominanzansprüchen befreite Sexualität bemüht haben, sind die verheerendsten Frigiditäts- und Impotenzphänomene zu beobachten – in der Frauenbewegung, bei linken Studentinnen und Studenten, bei den Grünen, in Kommunen und Wohngemeinschaften, in der Alternativbewegung, in der Sponti-Szene und bei den Instandbesetzern. Unter den Jugendgruppen bilden nur die Rocker eine Ausnahme, weil sie sich dank der mackerfreundlichen Haltung der Rockermädchen noch ein gewisses Maß an naiv direkter Sexualbefriedigung erhalten haben.

Die schmerzliche Entdeckung, daß die „Beziehungskiste" bei manchen Reaktionären besser klappt als bei vielen Fortschrittlichen, hat zu einer Verunsicherung entlang der ganzen progressiven Front geführt – bei den Frauen genauso wie bei den Männern. Die einzige Ausnahme unter den Frauen sind die offen lesbischen Feministinnen, die das Ganze schon seit Jahren vorausgesagt hatten. Eine wichtige Rolle im Prozeß der allgemeinen Verunsicherungen haben jene Schriften aus der Frauenbewegung gespielt, die sich mit den sexuellen Phantasien heterosexueller Frauen befaßt haben und ein erschütterndes Ausmaß an positiv besetzten Vergewaltigungsphantasien und masochistischen Wunschträumen aufgedeckt haben. Die zweifellos richtige Feststellung der Frauen, dies seien eben nur Phantasien und Träume, keineswegs aber reale Wünsche, reduziert nach Meinung fast aller Männer nicht die Relevanz dieser Phantasien, sondern belegt nach ihrer Meinung nur das Ausmaß der Verdrängung sexueller Wünsche in der Frauenbewegung. Auch die Entdeckung, daß so viele der passiven Mannsbilder – der zögernden, schüchternen, unaggressiven, Zärtlichkeit und nicht Koitus suchenden Männer – von den Frauen in der Frauenbewegung als Partner abgelehnt und mit oft beißendem Spott als „Softies" apostrophiert worden sind, hat sich wie ein Lauffeuer in der Szene verbreitet.

Schon regt sich deshalb im ganzen rot-schwarz-grünen Lager die kaum noch überhörbare Frage, ob die heterosexuellen Frauen in der Frauenbewegung trotz aller gegenteiligen Behauptungen nicht doch eher auf dominante als auf subdominante Männer sexuell reagieren. Als Resultat all dieser Zweifel am Sinn der sexuellen Revolution beginnt sich heute parallel zu dem politischen Rechtsdrall der Bundesrepublik eine sexuelle Gegenrevolution zu bilden, die sich bei den Frauen in der Absage an jedwede Form der sexuellen Liberalisierung („... nützt doch nur den Kerlen") und der Zuwendung zur Mutterschaft („zumindest *das* können die Macker uns nicht klauen") zeigt, bei den Männern dagegen in einer Abwendung von der Zärtlichkeitsmythologie der sechziger Jahre („... *wollen* die Weiber ja gar nicht, die *reden* ja nur davon") und der Rückkehr zum männlichen Aktionismus („das einzige, was bei den Weibern ankommt, ist, was du *tust,* nicht, was du *sagst*").

Was immer hiervon wahr oder unwahr sein mag, läßt es jedenfalls einen wachsenden Zweifel vieler Männer an vielen Frauen erkennen. Niemals waren die Beziehungen der Geschlechter so schlecht, so gespannt wie ausgerechnet im Jahrhundert jener zwei großen Bewegungen (der Sexualreform und des Feminismus), die in unterschiedlicher Weise, aber mit gleichem Enthusiasmus und gleicher Opferbereitschaft eine Entspannung und Verbesserung der Geschlechtsbeziehungen angestrebt hatten.

Ein typisches Beispiel der völligen Verwirrung an der sexuellen Front (und man muß heute, im Zeitalter des drastisch verschärften Kampfs der Geschlechter tatsächlich wieder militärische Terminologie benutzen) ist der Roman „Der Tod des Märchenprinzen" von Svende Merian. Wenn man nicht wüßte, daß die Autorin eine Frau ist und der Frauenbewegung angehört, könnte man denken, daß sich hier ein besonders frauenfeindlicher Mann des raffinierten Tricks bedient hätte, unter einem weiblichen Pseudonym ein Buch zur Diskreditierung der Frauenbewegung zu veröffentlichen. Denn das Buch ist die Geschichte einer völlig lieblosen, uneinfühlsamen Frau, die einen liebevollen, einfühlsamen Mann derart vergrault und vergrätzt, daß ihm am Ende nichts anderes übrigbleibt, als seinen Hut zu nehmen.

Die Autorin hatte aber möglicherweise beabsichtigt, die Geschichte einer sensitiven, liebevollen Frau zu schreiben, die sich in einen lieblosen, insensitiven Mann verliebt und erst langsam entdeckt, was sich hinter der Fassade seiner politischen Fortschrittlichkeit verbirgt – nämlich krasse männliche Selbstsucht. Nur – das Buch belegt das Gegenteil.

Zweifellos ist bei jener großen Mehrzahl der bürgerlichen Schichten, die noch nicht einmal den Weg zum Zweifel an den partriarchalischen Anmaßungen des Mannes, geschweige denn zum Zweifel an diesen Zweifeln gefunden hat, die „heile" Welt noch ein wenig „heiler" als bei jener Minderheit der linken Männer, deren Weltbild durch die tägliche Auseinandersetzung mit der Frauenbewegung geformt worden ist. Aber auch bei den bürgerlichen Männern hat sich der Erziehungsstil ihrer Eltern ganz anders niedergeschlagen, als die Kirchen und andere konservative Kreise es bis vor kurzem befürchtet hatten. Von der befürchteten „Enthemmung", „Übersexualität" und „Triebhaftigkeit" ist nichts zu merken. Das wichtigste Kennzeichen des Sexualverhaltens heutiger westeuropäischer Männer ist – im Gegensatz zu dem noch immer wachsenden, von den Jahrhunderten des Puritanismus ausgelösten Sexualhunger amerikanischer Männer – der bereits erwähnte Libidoschwund. Daß er bei der heutigen Generation westeuropäischer Frauen ebenso häufig auftaucht, mag beiden Geschlechtern helfen, sich mit den reduzierten Sexualansprüchen des anderen Geschlechts abzufinden, aber erklären läßt sich ein solcher Fehlschlag der „sexuellen Revolution" mit den bisherigen Methoden der Sexualforschung leider nicht.

Ich will jedoch versuchen, eine These aufzustellen, die im Laufe der nächsten Dekade verifiziert oder falsifiziert werden kann. Es könnte sein, daß der Widerspruch zwischen den traditionellen, autoritären Erziehungsmethoden der NS-Zeit und den hauptsächlich aus den USA eingeführten Vorstellungen eines „kinderfreundlichen" Erziehungsstils zu derartigen Schwankungen in der Konsequenz elterlicher Pädagogik geführt hat, daß das Elternbild des Kindes zersplittert. Das Kind kann sich weder mit den Eltern identifizieren noch mit ihnen auseinandersetzen. Statt sich im ödipalen Alter (3. bis 5. Lebensjahr) in die Mutter zu verlieben und den Vater als Rivalen um die Gunst der Mutter zu hassen, entwickelt der Sohn heutzutage weder Liebe noch Haß, sondern bestenfalls Gleichgültigkeit gegenüber der Mutter und Mitleid mit dem Vater. Die Treibhausatmosphäre der Kindheit, aus der die Männer vergangener Zeiten ihre aufgeheizte Sexualität entnahmen und auf ihre späteren Sexualpartnerinnen übertrugen, fällt in dieser Generation fort.

Das mag Vorteile bringen, weil es die Beziehungen zu den Eltern entschärft. Es hat aber auch Nachteile, nämlich die, daß das Ich sich nie völlig entwickelt, das Es schwach bleibt und das Über-Ich sich nur diffus bildet. Heinz Kohut und Thomas Ziehe sprechen von einem Narzißmus-Defizit, einem Mangel an Ich-Stabilität. Da sie ihre Thesen eher von Heinz Hartmann und der Ich-Psychologie als von Freud und der Es-Psychologie ableiten, ist ihnen nicht aufgefallen, daß der „narzißtische" Sozialisationstyp auch eine besondere Libido-Schwäche aufweist. Diese Libido-Schwäche ist ein Kennzeichen der „pluralistischen" Gesellschaft unserer Tage, denn der angebliche „Pluralismus" äußert sich nicht nur in einer Vielfalt nominell gleichwertiger Entscheidungen und dient in der Praxis nur dem, der sich dank seiner Ausbildung und seiner Macht die „richtige" Entscheidung leisten kann, sondern verhindert auch klare Entscheidungen auf allen Gebieten der Affekte und führt deshalb zur Unfähigkeit einer eindeutigen Partnerwahl und zum Unvermögen jeder festen sexuellen Bindung.

Die „pluralistisch" sozialisierten Menschen sind weniger sinnlich als selbst die abgestumpftesten Opfer des autoritären Zeitalters.

Denn diese Opfer verzehrten sich zumindest irgendwann in ihrem Leben aus Sehnsucht nach dem Verbotenen. Die pluralistisch Sozialisierten unseres Zeitalters dagegen verzehren sich in keiner Sehnsucht nach irgendjemandem oder irgend etwas, sondern beklagen nur wehmütig die Lieblosigkeit und Ungeduld des anderen Geschlechts. Da sich ihre sexuellen Wünsche nicht anhand lebender, fehlbarer Wesen – den eigenen Eltern –, sondern anhand imaginierter, auf erotische Perfektion gedrillter Sexualobjekte entwickelt haben – anhand von Foto-Modellen, Film-Stars, Pop-Sängerinnen, Frauen in Pornozeitschriften und Pornofilmen –, ist ihre Toleranz für lebende, fehlbare Frauen äußerst gering. Ist die Freundin nicht ganz so perfekt wie die Pin-Ups in *Playboy, Penthouse* oder *Lui,* so ist sie eine Versagerin. Hat sie eigene Wünsche, riecht sie aus dem Mund, hat sie ihre Tage oder wird sie krank, so verliert sie sofort ihren Wert als Onaniervorlage und wird abgeschoben. Denn der Geschlechtsverkehr solcher Männer ist kein Verkehr, sondern Masturbation mit einem lebenden Körper, der aber wiederum nur das Substitut einer zwischen Ödipalem und Pubertätsalter herausgebildeten Idealpartnerin ist. „Versagt" die zweite, dritte, vierte oder fünfte Freundin, indem sie zum Leben kommt und die imaginierte Partnerin zerstört, so zieht sich ein solcher Mann schmollend in sein Schneckenhaus zurück.

Das modische Alibi, Masturbation sei „gleichwertig" oder gar „besser" als Koitus, liefert solchen pluralistisch sozialisierten Menschen dann auch noch die Rechtfertigung der habituellen Substitution der Selbstbefriedigung für die gelebte Auseinandersetzung mit einem selbständigen, widersprechenden Partner. Als Resultat greift die Vereinsamung des bürgerlichen Subjekts nun auch noch auf die letzte, bisher noch teilweise vor Entfremdung geschützte Domäne über – auf das Geschlechtsleben. Wer in der Erziehung und im Berufsleben noch nicht gänzlich zerstört worden ist, der geht jetzt auch noch im „Liebesleben" kaputt. Das geschieht heute bei Männern ebenso oft wie bei Frauen.

Es genügt also nicht, die sexuelle Verunsicherung der Männer in der heutigen westlichen Gesellschaftsordnung ausschließlich als Resultat der feministischen Attacke auf die Selbstsicherheit der Patriarchen zu deuten, denn die neue Frauenbewegung der Nachkriegszeit unterscheidet sich ja gerade dadurch von der traditionellen Frauenbewegung im Wilhelminischen Kaiserreich und der Weimarer Republik, daß sie ihrerseits bereits ein Produkt gestörter heterosexueller Beziehungen ist. Während die sozialistische, kommunistische und gewerkschaftliche Frauenbewegung heute wie damals auf die Zerstörung der Sozialinstitution Patriarchat abzielt, zeichnete sich die neue Frauenbewegung von Anfang an durch ihre Kritik am Mann als sexuellem Wesen aus, am Mann als Vergewaltiger. Eine solche Kritik war selbst bei den radikalsten Feministinnen bis zum Zweiten Weltkrieg kaum irgendwo in Europa zu finden. Erst die „pluralistische" Gesellschaft der Nachkriegsjahre hat jenen sexuellen „Pluralismus", jene Aufhebung jeder sexuellen Werte, jene totale sexuelle Verunsicherung erzeugt, die sich heute bei mindestens ebenso vielen Männern wie Frauen bemerkbar macht.

Roland Kübler

Der ganz alltägliche Wahnsinn

1. „Wo ist denn hier der Notausgang?"

„Nicht schon wieder!" denke ich mir. „Nicht schon wieder!" Sie kommt zur Tür herein mit jenem typischen Ausdruck in den Augen. Am Nachmittag hatte sie mich angerufen: Ich solle nicht auf sie warten, sie würde mit einigen Kollegen nach der Arbeit noch etwas trinken gehen. Es könne später werden.

Ich wußte, daß das nicht stimmt.

Sie wußte, daß ich weiß, daß das nicht stimmt.

Und jetzt hat sie wieder jenen Ausdruck in den Augen, den ich so gut kenne. Dieses verletzte Blinzeln hinter den Brillengläsern, das danach schreit, endlich festgenagelt zu werden auf das, was wirklich los ist. Sie hat – wie man das so schön bezeichnet – ein „Verhältnis".

Schon früher war ich eifersüchtig, beschuldigte sie, wollte wissen, was los ist. Ohne Erfolg. Sie stritt alles ab – im Abstreiten und Beschönigen ist sie Weltmeister.

Heute abend hat sie wieder diesen Ausdruck in den Augen. Heute abend will sie darüber reden. Ich sehe es ihr an. Jede ihrer Bewegungen riecht danach. Wenn sie, viel zu häufig, mit der linken Hand durch ihre kurzen blonden Haare fährt, scheint sie nur auf meine Fragen zu warten. Ihre Kopfhaltung gleicht einer Verurteilten, die es dem Beil des Scharfrichters einfach machen will. Und vor allem ihre Augen – die reden nicht nur Bände, sondern ganze Bibliotheken. Ich kann darin lesen. Da gibt es keine Geheimnisse mehr. Irgend etwas ist heute abend für sie nicht so gelaufen, wie sie es sich vorgestellt hat. Irgend etwas hat sie völlig von der Rolle gebracht. Sie ist wirklich fertig, und ich soll sie wieder aufrichten.

Ich denke nicht daran. Nicht schon wieder.

Wie oft waren wir an solchen Abenden zusammengesessen. Sie gestand mir irgendwelche Verhältnisse, die ich schon lange geahnt, gefühlt und gewußt hatte. Wir redeten darüber. Ich entschuldigte ihr Verhalten, begründete es, machte es mir einsichtig: „Klar, daß du so handeln mußtest. Ich hatte wohl wenig Lust in letzter Zeit, etwas zu unternehmen. Ich kann schon verstehen, daß du dich zurückgesetzt fühlst. Ich habe eben für die Prüfung gebüffelt. Ist ja schon in Ordnung. Ich war eben nicht sehr ansprechbar für dich in letzter Zeit." – Verstehen, so über den Kopf, das konnte ich schon. Und im Begründungen finden – vor allem für sie – war ich wahrlich hervorragend. Aber nachfühlen, das konnte ich nie! Heute abend will ich keines von beiden. Alles klar: Sie hat ein Verhältnis. Das ist nichts Neues. Mit diesem „Verhältnis" hat sie wieder mal Schwierigkeiten. Das ist überhaupt nichts Neues! Aber ich habe keine Lust, mit ihr über diese Schwierigkeiten, über ihr problematisches Verhältnis, über das Problem unserer Beziehung, an sich und überhaupt, zu reden. Ich will nicht. Und ich habe einen guten Grund.

Ich bin heute abend auch weg gewesen.

Ich war bei Karin.

Ich mag sie.

Wir mögen uns.

Ich habe ein schlechtes Gewissen!

Sie sieht es mir nicht an. Sie sieht mir nie etwas an. Ich kann ja reden. Weshalb soll sie mir auch etwas ansehen?

„Da bin ich wieder", sagt sie und versucht zu lächeln. Das Lächeln hätte einen Eisbären in den vorzeitigen Winterschlaf schicken können. Keine Gewinner, keine Verlierer, denke ich mir und erwidere: „Ich auch." Ihre aufgesetzte Sicherheit bröckelt erst ab, als sie sich gerade hinsetzen will. Sie stockt in ihrer Bewegung, dreht sich abrupt zu mir: „Was heißt das – ich auch?" Ihre Augen verengen sich. Sie spürt, daß heute etwas nicht so laufen könnte, wie sie es sich ausgemalt hat. „Was heißt hier: Ich auch?" Ihre Stimme bekommt einen leisen, aber gefährlichen Unterton.

„Nun, daß ich auch wieder hier bin!" Mein „Gewissen" pocht mindestens so laut wie mein Herz. „Ich bin auch gerade wieder nach Hause gekommen."

Unheilschwangere, unsichere Pause.

„Weshalb?" Verstört und doch unglaublich gespannt auf meine Antwort, sucht sie in ihrer Handtasche nach dem Feuerzeug. Endlich findet sie es. „Warum? Warst Du weg?"

Ungewollt schleicht sich der Zyniker in meine Antwort: „Ja, ich war mit Kollegen noch ne' Kleinigkeit trinken."

„Ach, ja?" Sie versucht sich in Ironie – ich finde, es gelingt ihr nicht sehr gut. „Mit wem denn?"

„Mit Karin." Ich klappe das Buch endgültig zu. Sehe sie an. Warte. Keine Reaktion. Sie verdaut.

„Wie war's bei dir?" versuche ich das Gespräch wieder in Gang zu bringen.

„Ja, ja, ganz nett." Der hilflos-verletzte Ausdruck in ihren Augen ist einer überheblichen Selbstsicherheit gewichen. Sie ahnt, was los ist – und aus dieser Ahnung will sie eine Waffe schmieden.

Zwischen Zigarette ausdrücken und Glas einschenken läßt sie ganz nebenbei die Frage fallen: „War's schön?"

„Bestimmt mindestens so schön wie bei dir." Im gleichen Moment verfluche ich mich. Solch einen Schrott zu reden, habe ich ja nun wirklich nicht nötig.

„Woher willst du denn wissen, wie es bei mir war?" Ihr spöttischer Unterton in der Stimme ist nicht zu überhören.

Jetzt oder nie, denke ich mir: „Na ja, ich stell mir einfach vor, daß es für dich schön sein muß, wenn du mit diesem Typen zusammen bist!"

„Mit welchem Typ?" Entrüstung! Entrüstung und nichts als diese in der Stimme. Jeden anderen hätte sie allein damit überzeugt. Aber ich kenne diese Spielchen ja schon.

„Ach komm! Hör bloß auf! Wie heißt er? Michael oder so? Laß doch das Theater! Was soll das? Du warst doch bei ihm!"

„Mach mich bloß nicht verrückt! Deine blödsinnige Eifersucht geht mir nur noch auf die Nerven!"

Sie zieht sich auf den Punkt zurück, wo wir schon die letzten Tage waren.

„Hast du was mit Karin?" Sie spricht leise. Völlig harmlos hört sich das an. Unaufdringlich, unverbindlich und ohne große Betonung. Sie hätte auch fragen können: „Hast du die Blumen gegossen?" oder „Warst du beim Bäcker?" Sie sieht mich nicht an. Aber ich weiß, daß sie alles an mir registriert. Mein Gewissen schlägt und mein Puls bewegt sich irgendwo knapp unter zweihundert. Locker bleiben, Junge, entspannen! Ich rede mir krampfhaft gut zu.

„Ja, ich mag sie." Ich versuche, einigermaßen ruhig zu atmen. Immerhin – ich will mich beruhigen – habe ich solche Situationen noch nie durchgemacht. Wahrscheinlich alles eine Frage der Übung.

„Hast du mit ihr geschlafen?" Ihre Stimme bewegt sich ziemlich nahe am absoluten Nullpunkt. Sie sieht immer noch angestrengt an mir vorbei.

„Hast du?" Mein Schweigen reicht ihr nicht. Mir war das immer Antwort genug.

„Ja."

Es ist ein stilles „Ja". Nur ein wenig mehr als ein Schweigen. Ich habe Schwierigkeiten, dazu zu stehen. Es tut mir weh, weil ich weiß, daß es ihr weh tut. Ein Blödsinn, auch das weiß ich – und trotzdem ist es so!

Sie schluckt. Atmet. Schaut mich an. Dann explodiert sie. Sie geht in die Luft wie ein ferngesteuerter Sprengkörper.

„Was?? DU!!! MIT IHR???!!!"

Ich bleibe bei meinem schlichten „Ja". Und plötzlich geht es mir ein wenig besser.

„Nein! Nicht das! NEIN! Warum? DU?? Nein!" Irgendetwas ist bei ihr völlig in die Brüche gegangen. Gleichzeitig wird sie hysterisch: „Du hast was mit Karin? Mit der?" Sie kreischt: „Warum? Warum? WARUM??"

„Warum, warum?" Jetzt bricht auch bei mir eine Mauer. „Warum hast du was mit diesem Michael oder Markus? Warum hattest du was mit Siegfried? Warum was mit Klaus? Warum hattest du was mit dieser Type aus München? Warum hattest du was mit Hans? Verdammt nochmal! Ich habe immer versucht, das alles zu verstehen. Ich habe dich immer entschuldigt. Wir haben darüber geredet. Nächtelang saßen wir hier. Ich habe Rotz und Wasser geheult. Trotzdem habe ich mich bemüht zu verstehen. Und jetzt schreist du: WARUM? WARUM? Weil ich sie mag!" Mir wurde wirklich immer besser. „Weil ich es satt habe, deine Kapriolen mitzutragen! Weil ich es will!" Ich fühlte mich schon fast hervorragend. „Weil ich Bestätigung brauche! Weil ich es nötig habe! Such dir doch eine Begründung aus!" Ich bin ungerecht in meiner Wut. Ich weiß es. Es ist mir egal!

Sie weint. Sie krümmt sich. Faßt sich an den Bauch. Trinkt hastig. Ihre rotgeränderten Augen blicken mich vorwurfsvoll an. „Nein!" Sie schreit jetzt fast. „Das darfst du nicht! Das kannst du mir nicht antun! Nein!"

Ich sitze da und begreife überhaupt nichts. Wie oft habe ich mich bemüht auf sie einzugehen, wenn sie „aus unserer Beziehung ausbrach" – schöne Bezeichnung, nicht wahr? Wie oft habe ich versucht, ihr zu sagen, daß ich verstehe? Wie oft habe ich ihr Verhalten, das mir weh tat, mit dem entschuldigt, was gerade bei mir los war. Und jetzt das! Sie sitzt da und heult. Schluchzt. Schreit. Geifert. Mir ist plötzlich alles zuviel. Ich will gehen. Ich will mir die schöne Erinnerung an diesen Abend nicht nehmen, nicht zerstören lassen. Vor allem nicht auf diese ungerechte Art.

Ich will nicht immer nur verstehen! Ich will auch einmal verstanden werden!

Ich stehe auf.

„Ich gehe noch ein wenig weg. Tut mir leid, ich kann dich nicht verstehen. Mir ist das alles zuviel."

Ihr Schluchzen bricht ab, als hätte jemand ein Tonband abgedreht. Ungläubig starrt sie zu mir hoch: „Was? Du willst gehen? Jetzt? Du willst mich jetzt hier allein lassen? Du darfst jetzt nicht gehen! Bleib hier! Ich laß dich nicht fort!"

Sie steht vor mir. Packt mich am Hemd. „Du bleibst hier!"

Sie schüttelt mich. Versucht mich mit ihrem Blick festzunageln. „Du und Karin! Warum? Warum hast du mich betrogen?"

„Hab ich dich das auch schon mal gefragt?" Ich beginne innerlich zu kochen. „Was war mit deinen ganzen Typen? Na los, sag's mir!" All das unverstandene Verständnis der letzten Jahre bricht aus mir heraus. Ich will nicht mehr verstehen! Nicht mehr akzeptieren! Nachfühlen! Begründen! Entschuldigen! Ich will nur noch wissen, wo ich denn eigentlich in dieser ganzen Sache geblieben bin. Und dazu muß ich hier raus. „Laß mich los! Ich will allein sein. Ich kann so nicht mit dir reden. Ich will so nicht mit dir reden! So nicht!"

„So kommst du mir nicht davon! Das wär zu einfach! Ich laß dich nicht! Einfach abhauen? Von wegen!"

Sie rennt zur Tür, schließt ab und hält den Schlüssel krampfhaft in ihrer linken Faust fest. Sie steht vor der Tür wie der rächende Engel vor dem Paradies. Allein Schwert und Flügel fehlen. Ansonsten scheint sie zu allem bereit.

„Hast du heute mit Michael, entschuldige, mit Markus geschlafen?" Ich sehe meine einzige Chance im Angriff. „Na los, hast du?"

„Was tut das jetzt zur Sache? Darum geht es doch jetzt nicht!" Sie scheint unsicher zu werden.

„Hast du oder hast du nicht?" Ich will eine klare Antwort.

„Ja!" Da habe ich meine klare Antwort – und sie fährt mir ganz gewaltig in den Bauch, wie immer, wenn ich auf diese Frage so eine Antwort erhalten habe. Ich kann mich anscheinend nicht daran gewöhnen.

„Laß mich gehen. Du hast gemacht, was du für richtig gehalten hast und ich auch. Ich will ein wenig allein sein. Ich kann mich jetzt nicht mit dir darüber unterhalten." Mein Bemühen um Fassung fällt wahrscheinlich nicht sehr glaubhaft aus. Nur raus hier!

„Du bleibst da! So einfach kommst du mir nicht davon!" Der Erzengel bewacht immer noch drohend die Wohnungstür.

„Bitte" – mir fällt nichts anderes ein – „laß mich. Ich will diese Auseinandersetzung nicht. Nicht jetzt und nicht hier. Laß mich."

„Du würdest wohl gern zu Karin gehen? Nein, nein! Nicht mit mir!"

„Kannst du dich wirklich nicht mehr erinnern wie das war, als wir nächtelang hier saßen und deine Verhältnisse durchgekaut haben." Ich versuch's nochmal. „Ich habe dir nie etwas vorgeworfen. Immer habe ich versucht, dich zu verstehen. Alles, was ich jetzt will, ist ein wenig allein sein. Ich gehe nicht zu Karin. Bitte, laß mir ein wenig Zeit."

„Das war etwas ganz anderes bei mir!" Wütend blitzt sie mich an: „Etwas völlig anderes!"

Ich verstehe kein Wort, kein einziges Wort! Was bitte, was um Himmels willen, soll denn bei ihr anders gewesen sein? Ich werde wütend.

„Es reicht! Laß mich sofort raus! Dein Verhalten ist wirklich zu beknackt!"

„Mein Verhalten kann dich einen Dreck interessieren! Ich will, daß du hierbleibst! Du kommst hier nicht raus!"

„Das werden wir ja sehen!" Ich will ihr den Schlüssel aus der Hand reißen. Mit Gewalt versuche ich, ihre Faust zu öffnen. Sie wehrt sich. Ihre Finger krallen sich um den Schlüssel. Gleichzeitig drückt sie mich mit den Beinen weg. Sie schlägt mir ins Gesicht.

Ich weiche zurück. Was soll ich noch sagen. Würde gerne weinen, wenn da nicht die Wut wäre. Ich würde sie gerne schlagen – weiß aber, daß ich es nicht kann. Ihr Schlag brennt – nicht nur im Gesicht. Viel tiefer. Sie hat mir eine Wunde geschlagen. Tief innen, wo das Gefühl sitzt, wird eine Narbe bleiben. Ich spüre, daß hier mit ungleichen Waffen gekämpft wird. Ich will nicht mehr kämpfen. Ich will meine Ruhe.

Nur kurz überlege ich, ob ich mich durchsetzen soll. Ich weiß, ich könnte es. Sie liegt vor mir und vor der Tür – der Erzengel ist gefallen. Den Schlüssel preßt sie immer noch in ihre linke Faust. Die Knöchel drücken sich weiß ins Fleisch. Triumphierend schaut sie zu mir hoch.

„Du kommst hier nicht raus!" Sie sagt es nicht, sie flüstert es. Ihre Stimme ist heiser.

Ich sehe sie an, zu ihr hinunter. Schon wieder könnte ich weinen. Diesmal, weil ich sie bedauere. Diesmal aus Mitleid. „Ich brauche nicht mehr raus." Auch ich rede fast tonlos. Dann drehe ich mich um.

„Ich bin schon lange draußen."

2. „Wer nur begehrt, lebt auch verkehrt!"

Wir hatten uns lange nicht gesehen. Genau gesagt: seit sieben Jahren. Damals studierten wir zusammen. Ich saß in den Seminaren neben ihr und himmelte sie mehr oder weniger offen an. Wir gingen zusammen auf Feste, ins Kino, Pizza essen. Ich besuchte sie oft in ihrer kleinen Wohnung. Ab und zu durfte ich ein wenig mit ihr knutschen und sie in die Arme nehmen. Alles andere war ihr zuviel. Wir sprachen zwar häufig darüber, daß ich gerne mehr von ihr wollte als die von ihr gewährten kleinen Knutschereien. Sie klärte mich darüber auf, daß sie es leid sei, immer nur als Sexualobjekt gesehen zu werden und nie als Mensch. Ich wünschte mir im Stillen, sie würde in mir endlich mal nicht nur den Menschen, sondern auch das Sexualobjekt sehen. Irgendwann fand ich mich mit der unabänderlichen Situation ab – ich hatte eben nicht den richtigen „Biß" für sie.

Nach dem Studium bekam sie einen Job in einer anderen Stadt. Sieben Jahre lang hörte ich nichts von ihr. Sieben Jahre, viel Zeit, sich zu verändern.

Auf abenteuerlichen Umwegen ist sie an meine Telefonnummer gekommen und einen Abend später sitzt sie bei mir. Ganz schön alt ist sie geworden in den letzten sieben Jahren. Nicht gereift, nein, richtig alt: Dieser bittere Zug um die Lippen. Dieser frustriert-gelangweilte Allerweltsblick. Diese Fassade aus perfektem Make-up und geheuchelter Überheblichkeit. Trotzdem, wir haben viele Ansatzpunkte für Gespräche. „Weißt du noch …" – die gute alte Zeit. Ja, und vor allem, jetzt sei alles anders. Ganz anders. Sie wisse schon, was ihr das Leben zu bieten habe. Sie sei nicht mehr das kleine Mädchen von damals. Verheiratet sei sie, typischer Karrieremacker – aber nicht mehr lange. Schon seit einem halben Jahr würden sie getrennt leben. Zwar noch in einer Wohnung, aber in säuberlich aufgeteilten Bereichen. Jeder könne seine eigenen Wege gehen. Demnächst würde sie die Scheidung einreichen. Wenn er nur nicht so viele Probleme machen würde. Ja, er brauche sie. Richtig hängen würde er an ihr. Es sei so schwer für ihn zu verkraften, daß sie nicht sein will, wie er sie gerne möchte. Aber sie sei nun mal nicht die Frau, die immer nur auf den Herrn eingehe. Sie brauche ihre Freiheit – das betont sie mehrmals – und diese Einschränkungen, die ihr von ihm auferlegt würden, seien eben nichts für sie.

Ich versuche, ihr Gesicht zu ergründen. Frage mich, weshalb dieser müde Ausdruck, wenn sie doch scheinbar alles unter Kontrolle hat. Sie war einfach begeistert von ihm, berichtet sie weiter, aber auch viel zu jung – damals. Und dabei blitzt in ihren Augen für einen Moment ein lebendiger, frischer Funke. Aber – ich sehe erstaunt, wie sich die Linien um ihren Mund verhärten – wie das eben so sei bei den Männern: Völlig fixiert auf die Partnerin und dann ganz aufgehen in Beruf, Karriere und so. Eigentlich habe sie das schon an ihm bewundert. Diese Zielstrebigkeit, diesen Einsatz und auch das viele Geld. Seit ihrer Heirat müsse sie sich deswegen keine Sorgen mehr machen.

„Da bin ich abgesichert!" sagt sie und scheint sehr zufrieden. Ich werde immer stiller. Mein anfängliches Kopfnicken ist fassungslosem Erstaunen gewichen. Ist das wirklich die Frau, in die ich einmal verliebt gewesen bin? Das Mädchen mit dem unbekümmertsten Lachen der Welt, den moosgrünen, geheimnisvoll-lockenden Augen? Wie hatte ich geschwärmt für sie! Die seichtesten Liebesromane hatten im Vergleich zu meinen träumerischen Gefühlsausbrüchen wie hehre Werke der Weltliteratur gewirkt – damals.

Innerlich krampft sich etwas in mir zusammen.

Sie redet pausenlos. Sie trinkt pausenlos. Dabei mustert sie mich immer wieder und lächelt dann lautlos, scheinbar wissend vor sich hin. Ohne irgendwelche Vorreden stellt sie fest, daß sie heute hier bei mir übernachten werde. Das sei doch sicher möglich – oder? Ich habe nichts dagegen. Warum auch? Und dann – ein völlig unbetonter Nebensatz in ihrem ständig plätschernden Redefluß – sie hätte doch immer gewußt, daß es noch einmal mit uns klappen würde. Ob ich noch wüßte? Damals, sie sei so verliebt in mich gewesen und ich hätte nie gewollt.

Mir fehlen mehr als nur die Worte. Ich bin platt, wie ein Schnitzel aus dem Supermarkt, völlig niedergewalzt. Wie war das? Sie? In mich verliebt? Einigermaßen beherrscht versuche ich, die Tatsachen ein wenig richtigzustellen. Es scheint, kein Wort von mir kommt bei ihr an. Sie schwelgt in Erinnerungen, verliert sich in Gefühlswelten, die mir mehr als utopisch vorkommen. Entweder, schießt es mir durch den Kopf, war ich damals auf einem anderen Stern gewesen, oder ich lebe jetzt in einer fremden Dimension.

Sie will mit mir schlafen.

Der Satz hängt im Raum – genau zwischen ihr und mir. Mit zusammengekniffenen Augen versucht sie meinen Blick zu fixieren. Ich reagiere nicht.

Sie will noch etwas trinken.

Na, immerhin, das ist etwas, was Beschäftigung erfordert. Ich falte mich aus dem Sessel und sorge für Wein. Als ich mich wieder setze, stelle ich fest, daß jener Satz noch immer durch den Raum geistert. Sie will mit mir schlafen. Nachdem sie ja so lange in mich verliebt gewesen sei – jetzt endlich die Erfüllung ihrer Träume. Ich registriere noch schwach, daß nicht einmal die miesesten Kitschromane solche Stories verbraten, da liegt sie schon halb auf meiner Brust und versucht, betörend an meinem linken Ohr zu knabbern.

Mein ganzer Körper sträubt sich. Ich drücke sie zurück. Stehe auf. Versuche zu erklären, daß das alles so wohl nicht stimme. Sie schaut mich verschwommen und verständnislos an. Ob das denn jetzt noch wichtig sei, will sie wissen. Ich solle doch nicht darüber nachdenken, was einmal war – und daß sie in mich verliebt gewesen sei, darüber müßten wir wirklich nicht diskutieren. Warum ich mich denn nicht auf die jetzige Situation einlassen könne. Das sei ja furchtbar, immer den Kopf einzuschalten. Genau wie ihr Macker: Keine Gefühle, immer nur Hirn!

Ich berichtige sie. Nicht der Kopf sei es bei mir. Ich hätte auch nicht einmal den Schatten eines Gefühls, mit ihr schlafen zu wollen.

„ICH WILL NICHT!"

Auch dieser Satz schwingt zitternd im Raum zwischen uns. Ich gehe im Zimmer auf und ab. Wandere an diesem Satz auf und ab, der wie schwerer Rauch in der Luft seine Form findet. Jedesmal, wenn ich an diesem Satz entlang gelaufen bin, gefällt er mir besser.

„Ich will nicht mit dir schlafen!"

Ich bekräftige meine Worte und lasse mich zufrieden wieder in den Sessel plumpsen. „Sei mir bitte nicht böse." Mist, jetzt habe ich mich tatsächlich dabei ertappt, wie ich etwas glätten und beschwichtigen will. Hab ich das nötig?

Sie starrt mich fassungslos an. Das adrette Make-up, die perfekte Fassade beginnt zu bröckeln. Wut, Enttäuschung, Unverständnis zeichnen ihr Gesicht. „Du willst nicht?" Fast tonlos versucht sie den Inhalt dieses Satzes zu fassen.

Und dann holt sie tief Luft.

Ich hatte nicht gewußt, daß ein einziger Atemzug für einen solchen Redeschwall ausreichen kann: Ich sei ein Idiot. Ein gehirnamputierter Depp. Diese Gelegenheit! Noch nie hätte sie so ein Angebot gemacht. Es sei doch alles klar. Wir würden uns doch verstehen. Ich wolle sie wohl nur verletzen. Klar, daß ich als Mann verängstigt sein müsse, bei einem solchen Angebot. Das müsse mich doch nicht stören. Warum eigentlich Männer immer der bestimmende Teil sein müßten? Aber das sei ja wohl zu erwarten gewesen. So was Blödes sei ihr noch nie untergekommen. Sie wolle ja sonst nichts von mir. „Komm her! Halt mich fest!!" sagt sie. Und: Nach diesem Schock brauche sie das unbedingt.

Ich reagiere nicht.

Ein weiterer heftiger Atemzug: Klar, jetzt sei ich schockiert. Das hätte ich wahrscheinlich nicht erwartet. Bei meinem männlichen Selbstverständnis würden mir da wohl die Ohren abstehen. Aber sie habe sich eben geändert. Sie wisse jetzt genau, was sie wolle. Und das würde sie auch immer sagen, ganz egal, was andere von ihr denken. Sie würde tun, was ihren Gefühlen entspricht. Das sei Freiheit. Und jetzt solle ich endlich herkommen, meine Leidensmiene lassen und sie festhalten.

Ich reagiere nicht.

Der dritte gewaltige Atemzug: Was ich mir eigentlich einbilde. Sowas würde sie nur einmal sagen. Genau einmal. Nicht öfter. Danach sei nichts mehr für mich drin. Da hätte ich nun mal die Gelegenheit, frei Haus sozusagen. Ob ich denn eigentlich ganz normal sei?

Dann will sie noch etwas zu trinken.

Ich schenke ein und lasse sie dabei nicht aus den Augen.

Schlange und Kaninchen: Who's who? Ich beschließe, auf keinen Fall das Kaninchen zu spielen.

Ob sie mir eigentlich zugehört habe, frage ich so beiläufig wie möglich. Das irritiert sie ein wenig.

Natürlich, meint sie, was denn das schon wieder solle?

Warum sie mich dann so übergehe? Meine Gefühle niedermache?

Sie schaut nur verständnislos. Mich übergehen? Sie kapiert kein Wort.

Ich versuche zu erklären. Es scheint, ich spreche eine andere Sprache als sie. Ich versuche ihr klarzumachen, daß ich keine Lust habe, keinen Bock auf sie. Sie versteht mich nicht.

MERKE: MÄNNER HABEN IMMER ZU WOLLEN!

Ich versuche ihr zu verdeutlichen, daß dies ja nicht heißt, ich würde sie nicht mögen. Sie glaubt mir kein Wort.

MERKE: NUR WENN ICH FRAU ALS SEXUALPARTNER AKZEPTIERE UND BEGEHRE, KANN ICH SIE AUCH MÖGEN!

Ich versuche ihr zu sagen, daß sie ein unsensibler Holzklotz sei, wenn sie mich so übergehe. Sie schlägt den Ball zurück und wirft mir dasselbe vor.

MERKE: WER AUF FRAU NICHT EINGEHEN WILL, MUSS EINFACH UNSENSIBEL SEIN! MÄNNLICHE SENSIBILITÄT GIBT ES NACH WEIBLICHER DEFINITION NICHT!

Ich erzähle ihr, daß ich mein ganzes Leben mit solchen Absagen zu kämpfen habe und daß ich damit klar kommen müsse – und zwar sehr oft.

Sie meint, das sei ja schließlich nicht ihr Problem.

MERKE: SICH IN MÄNNER EINZUFÜHLEN IST NICHT AUFGABE DER FRAU!

Ich stelle fest, so schlimm könne meine Verweigerung ja nicht sein. Sie ist der Ansicht, das habe wohl nur sie zu entscheiden.

MERKE: ENTSCHEIDUNGEN BEI GEFÜHLEN IST SACHE DER FRAU!

Nach Stunden resigniere ich und sage, es sei mir völlig schnuppe, was sie jetzt noch mache. Ich würde ins Bett gehen.

Befriedigt stellt sie fest, dies sei ja wohl typisch männlich. So könne man sich jeder Auseinandersetzung entziehen.

MERKE: IRGENDWANN IST EIN PUNKT ERREICHT – WENN MAN'S DA NOCH NICHT MERKT, IST MAN SELBST SCHULD!

Ich stöhne.

Dann gehe ich schlafen.

Heinz Körner

Mit offenen Karten

Eine Provokation zum Dialog

Ich habe gehört, daß am Eingang des Paradieses zwei Tafeln angebracht sind, ja, es gibt sogar zwei Türen. Auf der einen Tafel steht: „Pantoffelhelden bitte hier anstehen." Die andere Tür ist für die wenigen menschlichen Wesen, die nicht unter dem Pantoffel stehen. Petrus steht da und wartet und hofft, daß eines Tages jemand kommt, der sich an der Tür anstellt, die nicht für die Pantoffelhelden gedacht ist, aber er wartet vergebens.

Zu seiner großen Überraschung steht da eines Tages ein kleines, dünnes, schwaches Männchen. Sehr erstaunt fragt Petrus ihn: „Kannst du nicht lesen?"

Er sagt: „Natürlich kann ich lesen, ich bin Philosophieprofessor."

Daraufhin Petrus: „Diese Tür ist nur für Leute, die nicht unter dem Pantoffel stehen. Warum stehst du hier, wo alle übrigen an der anderen Tür stehen?"

„Was soll ich denn machen? Meine Frau hat mir gesagt, ich soll hier anstehen. Und selbst wenn der liebe Gott mir was anderes sagt – ich kann hier nicht weggehen, bevor meine Frau es mir nicht erlaubt." (1)

Seit ich mich erinnern kann, habe ich fast ausschließlich Frauen erlebt, die mehr oder weniger offen versucht haben, mich abhängig zu machen, zu bevormunden, zu unterdrücken oder ganz offen „zurechtzubiegen". Das begann bei meiner Mutter und führte weiter über Kindergärtnerinnen, Lehrerinnen, Freundinnen bis hin zu den Frauen, mit welchen mich eine sogenannte Zweierbeziehung verband.

Als Sozialarbeiter habe ich Hunderte von Beziehungen und Ehen aus jeder Gesellschaftsschicht kennengelernt. Wenn ich diese beruflichen, meinen ganz persönlichen Erfahrungen hinzurechne, glaube ich mit Recht feststellen zu können: Ich kenne eine erdrückende Mehrheit von Frauen, die in Ehe und Familie „das Zepter schwingen" und meist nicht bereit sind, auch nur ein kleines Stück ihrer Macht aufzugeben. Im Gegenteil: Bei der geringsten Bedrohung ihrer Rolle in Ehe und Familie kämpfen sie mit harten Bandagen und ebenso üblen wie raffinierten Methoden. Das reicht von totaler Verweigerung jeglicher Kommunikation bis zum Hungerstreik, vom gespielten Herzanfall bis zur Selbstmorddrohung, vom beleidigten Einschließen im Schlafzimmer bis zum plötzlichen Verschwundensein, von Rufschädigung bis zur Demütigung des Partners und so weiter – alles so lange, bis die möglichst uneingeschränkte Macht dieser Frauen wieder hergestellt ist oder sie wenigstens bekommen, was sie wollen.

Ich kenne unzählige Männer, denen im Laufe der Jahre Stück für Stück das Rückgrat gebrochen wurde. Ebenso, wie viele Frauen sich zu „braven Hausmütterchen" knebeln lassen, werden viele Männer zu ängstlichen, unselbständigen und hilflosen „Pantoffelhelden" zurechtgestutzt. Sicher: In beiden Fällen gehört einer dazu, der unterdrückt, und einer, der sich's gefallen läßt. Dennoch entschuldigt das niemals den Unterdrücker – weder bei Männern noch bei Frauen!

Trotzdem wurde in den letzten Jahren in vielen Diskussionen über die Beziehungen zwischen Frauen und Männern dieser Punkt übersehen – am beharrlichsten natürlich von Feministinnen und der Frauenbewegung nahestehenden Frauen. Erstaunlicherweise scheinen auch viele Männer, selbst kritische und informierte Intellektuelle, in Ehrfurcht vor dem Feminismus erstarrt.

„Die ganze Literatur der linken Männer ist gegenwärtig voll von Verbeugungen vor der Frauenbewegung, wobei sich Unsicherheit, Selbstreflexion und schierer Opportunismus vermischen. Eine kritische Auseinandersetzung findet kaum statt. So nehmen die konfliktscheuen Männer weder sich selbst noch die Frauen ernst." (2) Jörg Bopp trifft damit den Nagel auf den Kopf. Selbst Autoren, die sich sonst wohltuend objektiv und äußerst gründlich mit dem Feminismus beschäftigen, scheinen stellenweise ganz schön verschreckt zu sein: „Gleichwohl muß ich mir eingestehen, daß ich – und zwar recht gern – von den Vorteilen, die die Männer aus dieser Rollenverteilung beziehen, Gebrauch mache (zum Beispiel, indem ich hier in Ruhe sitze und schreibe, während meine Frau im Garten Äpfel pflückt)." (3) Es wäre ja wohl erst einmal zu klären, ob es nicht vorteilhafter ist, Äpfel zu pflücken.

Entweder haben all diese Männer Angst davor, Frauen auch einmal deutlich die Meinung zu sagen, oder sie sind einfach blind für die Unterdrückung und Ausbeutung, die Männer durch Frauen erfahren. Vielleicht liegt's ja daran, daß man als Mann durch das Verhalten vieler „frauenbewegter Frauen" reichlich verwirrt werden kann. Auffallend erscheint mir besonders, daß viele dieser Frauen voller Eifer über all die Männer herfallen, die sowieso offen für Diskussion und Veränderung sind und viel von der Frauenbewegung gelernt haben. Wenn diese Männer noch unter Rückständen aus ihrer Erziehung leiden, Fehler begehen oder sich einfach einmal ungeschickt verhalten – dann rollt eine feministische Rhetorikmaschine an, daß es einem als Mann himmelangst werden kann vor einer von Frauen regierten Welt. Dabei wäre es doch sinnvoll, gerade diese Männer in ihren Bemühungen zu unterstützen und zu verstärken – und *die* Männer anzugreifen, die noch immer Frau und Familie tyrannisieren, den „Macho" raushängen und Feministinnen für verrückte Weiber halten, die im Grunde nur einen richtigen Mann brauchen.

Überhaupt: Viele Frauen haben in ihrer Wut, ihrem Haß und ihrer Begeisterung einige seltsame Ansichten und Erscheinungen in die Welt und in die Literatur gesetzt, die sie selber, bei Tageslicht und klarem Verstand betrachtet, zumindest merkwürdig finden müßten. Was Jörg Bopp über ein Buch aus der Frauenbewegung schreibt, könnte für viele andere genausogut stehen: „Mißliebige Erkenntnisse werden als Ideologie herrschsüchtiger Männer abgetan. Eigene Erfahrungen und Theoriestücke aus der Frauenbewegung sind die Wahrheitsinstanz, die nicht mehr problematisiert wird. Als ob die eigene Erfahrung nicht der Selbsttäuschung erliegen und die bevorzugte Theorie nicht der Verschleierung dienen könne." (4)

Tatsächlich scheint es mir oft so, daß hinter der Theorie des Feminismus und hinter der Kritik am Patriarchat, so berechtigt beides durchaus sein mag, von vielen Frauen selbstsüchtige Motive oder ängstliche Verdrängungen versteckt werden: sei es das Weiterführen des Kampfes gegen den eigenen Vater, die Reaktion auf erfahrene Enttäuschungen durch Männer oder das Verbergen eigener Machtansprüche gegenüber Männern und vor allem gegenüber Kindern. Und häufig schimmert da eigene Unfähigkeit zu offenen, ehrlichen und wirklich liebevollen Beziehungen durch.

Ich weiß, zahllose Männer hängen recht hilflos zwischen Argumenten der Frauenbewegung, die sie selbst gut und richtig finden und ihrem eigenen Erleben von Frauen – auch solchen aus der Frauenbewegung. Diese Männer können weder bei einer Auseinandersetzung hilfreich sein noch als Partner „neuer Frauen" mithalten. Deshalb gilt auch für sie, was Judith Jannberg Frauen zuschreibt: „Zu allen Zeiten war das Öffentlichmachen von Unterdrückung ein wirksames und oft das einzige politische Kampfmittel der Geschlagenen und Gedemütigten." (5)

„Der Mann hat die Frau zum Sklaven gemacht, und die Frau hat den Mann zum Sklaven gemacht. Und beide hassen natürlich die Sklaverei, beide leisten Widerstand.
Sie kämpfen ständig miteinander, beim kleinsten Anlaß fangen sie zu streiten an.
Aber der wirkliche Kampf findet irgendwo tief drinnen statt; sie kämpfen mit sich, weil sie sich nach Freiheit sehnen." (6)

Treffende Beispiele für die Einäugigkeit vieler Feministinnen bei der Beurteilung mancher Tatsachen sind für mich ihre Bewertungen von Kindesmißhandlung und Vergewaltigung. Ohne diese Themen vertiefen zu wollen, möchte ich auf einige blinde Flecken in der Frauenliteratur hinweisen: So gibt es tiefschürfende und wichtige Abhandlungen über die Hintergründe, die eine Mutter letztlich zur Mißhandlung ihrer Kinder „treiben" können. Lassen wir einmal dahingestellt, ob die Mutter nur so und nicht anders auf ihre persönlichen Schwierigkeiten reagieren kann; vergleichen wir lieber die zum Teil sehr sorgfältigen und differenzierten Untersuchungen darüber mit der Frauenliteratur über ein anderes Verbrechen – der Mißhandlung einer Frau durch ihren Mann. Im einen Fall wird nach Kräften die Täterin entlastet, entschuldigt und in ein Licht gerückt, daß man meinen könnte, sie sei beinahe dazu gezwungen gewesen, ihre Kinder brutal zu mißhandeln. Im anderen Fall will kaum eine Feministin sehen, daß auch Männer ihre Hintergründe haben und möglicherweise Opfer bestimmter Umstände werden können. Ich will nicht beschönigen, was mit viel zu vielen Frauen geschehen ist, die in Frauenhäusern Zuflucht fanden. Ich meine aber, daß bei Untersuchungen über prügelnde Männer die gleiche Sorgfalt angebracht ist wie bei Müttern, die ihre Kinder mißhandeln. Außerdem scheint mir auch der Aspekt beachtenswert, daß Männer nicht als Mißhandler geboren werden – was alles muß in einer Beziehung mit einem Mann passiert sein, der die Frau zusammenschlägt, die er einmal gern hatte, vielleicht sogar noch gern hat. Und ich will nicht übersehen, daß eine Mutter, die ihre Nöte an vollkommen wehrlosen Kindern abreagiert, um einiges brutaler sein muß als ein Mann, der sich an einer erwachsenen Frau vergreift, die immerhin bei weitem nicht so hilflos ist wie ein Kind. Der zweite Fall ist die Vergewaltigung. So sehr ich selbst eine solche Tat verurteile, sehe ich dennoch auch hier einige Faktoren, die den Hintergrund dieses Verbrechens ein wenig beleuchten. Zum einen bin ich nicht sicher, ob nicht manchmal auch Frauen zu der Situation beitragen, die später zu einer Vergewaltigung führt – und sei es indirekt (womit ich auf keinen Fall das dumme Männergeschwätz übernehmen will, daß sie's nicht anders haben wollten oder es nur darauf angelegt hätten!). Zum anderen halte ich in einer von Gewalt bestimmten Gesellschaft, in der man sich möglichst das nimmt, was man braucht, Vergewaltigung für ein Symptom der Krankheit unserer Gesellschaft im allgemeinen, auch dafür, daß Sexualität teilweise zur Ware verkümmert ist und gerade auch von Frauen als Ware angeboten und eingesetzt wird – manchmal sogar als Waffe (aber dazu später). Der Täter scheint mir auch in diesem Fall möglicherweise Opfer zu sein in einer Situation, in welcher er den Überblick und seine Menschlichkeit verloren hat. Mich wundert, daß hiervon bei feministischen oder dem Feminismus nahestehenden Autorinnen nur selten die Rede ist. Ansonsten erkennen sie durchaus, daß es meistens nur hilft, einen Brunnen zu beseitigen – nur bei Männern wollen viele Frauen den Brunnen nicht sehen, sondern nur denjenigen verurteilen, der hineingefallen ist.

Ich betone nochmals: Ich will niemanden entschuldigen! Auch auf die größte sexuelle Not und auf die perverseste gesellschaftliche Situation lassen sich andere Reaktionen und Verhaltensweisen finden als Vergewaltigung. Aber ich verliere nicht plötzlich den Hintergrund, den ich sonst durchaus bemerke und beachte, aus den Augen, nur weil ich mich betroffen fühle.

Männer sind in der Geschichte viel zu oft Täter und nicht Opfer gewesen – vor allem gegenüber Frauen. Trotzdem kann ich dahinter die Menschen wahrnehmen, die möglicherweise Opfer von Umständen wurden, die sie nicht überblicken konnten. Ich kann und will mich all den Autorinnen nicht anschließen, die vermuten, daß alles, was Männer verbrochen haben und noch heute an Unrecht tun, kaltblütig, berechnend und möglichst nach weltweiter geheimer Absprache aller Männer geschah und noch geschieht. Ich bin auch nicht bereit, für die Sünden meiner Großväter, Väter und anderer Männer die Verantwortung zu übernehmen. Und ich denke, daß in den zwischenmenschlichen Beziehungen zahlreiche gesellschaftliche, politische und wirtschaftliche, aber auch individuelle und psychologische Faktoren mitspielen, an welchen Frauen einen ganz erheblichen Anteil haben.

Bevor ich dieses Thema genauer beleuchte, will ich durch einige Beispiele aus dem Alltag illustrieren, von welchen Erfahrungen und Eindrücken ich ausgehe. Es handelt sich um Beispiele, die ich entweder selbst so erlebt oder zuverlässigen und glaubwürdigen Berichten entnommen habe:

1. Eine Mutter nimmt ihre Tochter bei deren Hochzeit zur Seite und schärft ihr ein, einen ganz wichtigen Punkt in ihrer Ehe unbedingt zu beachten: Ihr Mann müsse sie immer mehr lieben als sie ihn, immer mehr abhängig von ihr sein als sie von ihm – vor allem beim Sex. Dann habe sie ihn immer im Griff und er würde bald gefügig werden. Hin und wieder vorkommendes Aufbegehren oder Wutausbrüche dürfe sie nicht zu ernst nehmen, das würde sich im Laufe der Jahre schon geben.

2. Ein älterer Herr, gebildet und durchaus erfolgreich im Beruf, wird zum „kleinen Kind", sobald seine Frau in der Nähe ist – sie behandelt ihn auch entsprechend: Er wird herumkommandiert, im Haushalt und dergleichen unselbständig gehalten, sogar vor Freunden der Familie eher wie ein Untergebener behandelt – aber auch umsorgt, gehegt und verwöhnt. Der Eindruck drängt sich geradezu auf: Mit ihrem Können im Haushalt erkauft sie sich Dankbarkeit und die Möglichkeit, ihn und die Familie zu beherrschen – und die Sicherheit, daß er auf sie angewiesen ist; eine Situation, die gerade bei älteren Ehepaaren oft vorkommt.

3. Eine Lehrerin gibt Kurse über feministische Literatur, engagiert sich in der Frauenbewegung und wirft Männern dementsprechend ihr chauvinistisches Verhalten vor. Trotzdem äußert sie freiweg: „Wenn ich fürs Bett einen richtigen Mann brauche, hole ich mir einen von der nächsten Baustelle." Obwohl sie in ihren Theorien Männer fordert, die keine „richtigen Männer" sind, braucht sie solche „Kerle" – das kommt übrigens häufiger vor, als gestandenen Feministinnen recht sein dürfte. Warum wohl?

4. Ein paar Kolleginnen und Kollegen planen einen gemeinsamen Ausflug. Während eines Gesprächs darüber sagt einer der Männer, er würde auch mal gerne einen Wunsch äußern, worauf ihm eine

Kollegin entgegnet: „Nein! Du bist ein Mann und der Wunsch eines Mannes ist für jede Frau von vornherein gleichzusetzen mit Unterdrückung!" Sie sagt das keineswegs im Scherz!

5. Eine Frau in einer Diskussion: „Ich fange mit dieser ganzen Frauenbewegung nichts an. Eine Frau braucht doch nur freundlich zu lächeln oder einmal mit dem Hintern zu wackeln, dann verlieren sowieso alle Männer den Verstand und machen, was ich will." Daraufhin ist bei vielen Frauen beifälliges Nicken zu sehen und „geplagtes" Seufzen bei den meisten Männern.

6. „Unter dem sarkastischen Titel ‚Zuchtauswahl und Matriarchat' gibt Asmus Petersen eine Sequenz aus dem Gespräch zwischen zwei Müttern wieder: ‚Weißt du, ich hab mir sein Erbgut ausgesucht. Ich habe mir immer meine Typen ausgesucht, und ihn hier – natürlich besonders, 43, intelligent, die Figur –' (Kursbuch 72, Seite 171, Kursbuch/Rotbuch Verlag, Berlin). Und später darf der ‚Befruchter' noch die Alimente zahlen. Man sieht diese Mütter unter der Last des Patriarchats so richtig schwitzen.

Hinter vorgehaltener Hand wird weitererzählt, daß es bei linken und alternativen Frauen in Mode kommt, einen Mann zur Zeugung zu überlisten, ihn im Fall des Erfolgs sitzenzulassen und nach der Geburt des Kindes von ihm die Alimente einzufordern. Dabei wird dem Vater von der Mutter nahegelegt, nicht so ‚frauenfeindlich' zu sein und nur die Mindestsätze zu zahlen. Die Mutter ist den Konkurrenten, das Kind den Vater los. Die Mutter bekommt einen handlichen Partnerersatz. Der Preis dafür ist subtile Gewalt gegen den Mann und gegen das Kind. Die hereingelegten Männer fügen sich meistens zähneknirschend in ihr Schicksal. Um sich weder lächerlich noch unbeliebt zu machen, wehren sich die Befruchter öffentlich nicht. Sie haben Angst davor, ‚Chauvis' gescholten zu werden, was ihnen blühen würde, wenn sie den Schwindel aufdeckten." (7)

7. Eine Frau bedrängt ihren Mann lange und nachhaltig, aufs Land zu ziehen, weil sie sich in der Stadt nicht mehr wohl fühle, ihr das Leben zu hektisch und zu schmutzig sei. Schließlich ist der Mann einverstanden und kauft mit ihrem begeisterten Einverständnis ein schönes, renoviertes Bauernhaus. Bereits ein halbes Jahr später beginnt sie wieder, sich zu beklagen: Hier sei ja überhaupt nichts los, so weit weg von allen Freunden, alles so konservative Menschen

hier auf dem Land und so weiter. Sie wolle jetzt doch wieder in die Stadt. Nach einigem Hin und Her und manchen heftigen Streitereien gibt sich der Mann den Argumenten der Frau geschlagen, auch dem, daß sie das vorher ja nicht wissen konnte – obwohl er es ihr mehrfach gesagt hatte. Sie ziehen wieder in die Stadt. Schon bald ist es ihr hier wieder zu laut, zu hektisch und so weiter. Sie will um jeden Preis wieder zurück in das Haus auf dem Land. Als ihrem Mann schließlich der Kragen platzt und er sie nicht mehr begreifen kann, macht sie ihm das auch noch zum Vorwurf: Er sei eben ein Mann und könne sich nie in eine Frau einfühlen, er liebe sie überhaupt nicht mehr und so weiter und so fort. Die Geschichte ist noch nicht zu Ende.

Ich weiß: Dies sind nur herausgegriffene Einzelfälle, Situationen, die nicht verallgemeinert werden sollten. Aber ich weiß auch, daß diese oder ähnliche Situationen häufig vorkommen. Jeder braucht nur mal in seinen Erfahrungen oder bei seinen Freunden und Bekannten suchen, um derartiges beobachten zu können. Ich selbst bin schon oft vor einem Rätsel gestanden, wenn ich mich ernsthaft bemühen wollte, Frauen zu verstehen. Manchmal war ich drauf und dran, sie einfach für Wesen von einem anderen Stern zu halten – auch wenn das weder den Frauen noch der Situation zwischen den Geschlechtern gerecht geworden wäre.

„Am Anfang des Mannes
war Verletzung!" (8)

Unser Leben wird nicht nur von politischen, wirtschaftlichen und gesellschaftlichen, sondern auch von emotionalen Faktoren bestimmt. Und diese wirken wiederum hinein bis in Politik, Wirtschaft und Gesellschaft (9). Unser emotionales Leben wird ganz entscheidend von der Mutter geprägt. Ob das nun gut und sinnvoll ist, soll hier nicht diskutiert werden, obwohl eine Auseinandersetzung über dieses Thema wichtig ist – angesichts der Mütter, auch der „neuen Mütter", die nur allzugerne Männer aus der Kindererziehung heraushalten, denen Männer bzw. Väter manchmal gar ein Dorn im Auge zu sein scheinen. Ich will nur deutlich darauf hinweisen, daß der weitaus überwiegende Teil der Kindererziehung, auch heute noch, von Frauen geleistet und dadurch auch bestimmt wird (10). Ganz besonders gilt das natürlich für den Gefühlsbereich, der in den ersten Lebensjahren entscheidende Weichenstellungen erfährt (11). Selbst wenn der Vater an der Erziehung beteiligt ist, wird er von der Mutter oft als „Waffe", als Droh- und Erpressungsmittel mißbraucht: „Warte nur, bis Papa kommt!" – Wer kennt das nicht? Und dort, wo der Vater Kinder mißhandelt oder mißbraucht, erscheint die Mutter oft als Einverstandene, Mitwisserin oder zumindest Duldende. „Die Mutter sieht zu, wie ihr Kind gedemütigt, verspottet, gefoltert wird, ohne ihr Kind zu verteidigen, ohne etwas Erlösendes zu tun, sie ist durch ihr Schweigen mit dem Verfolger solidarisch, sie liefert ihr Kind aus", schreibt Alice Miller (12).

Welche tiefgreifenden Prägungen vor allem Mütter ihren Kindern mitgeben und zufügen, kann jeder einigermaßen erfahrene Psychotherapeut bestätigen. Auch wenn die Fachliteratur zu diesem Thema möglicherweise etwas übertreibt, so läßt sich doch der alles überragende und zum Teil leider verheerende Einfluß der Mütter bis hinein ins Erwachsenenalter nicht übersehen. In vielen therapeutischen Gesprächen habe ich durch erschütternde Szenen erlebt, wie sehr Kinder unter ihren Müttern leiden. Und fast jeder braucht nur einmal an sich selbst und seine eigene Mutter denken ...

Auch Judith Jannberg zeigt mit ihren Büchern, wie nachhaltig Kindheitserfahrungen behindern und lähmen können (13). Wenn sie auch später in ihrem eigenen Leben beweist und in ihrem zweiten Buch (14) vehement vertritt, daß solche Weichenstellungen auch verändert werden können, so erkennt sie doch, wie sehr Männer durch die Erziehung geprägt sind: „Schau dich an. Das war die Magie deiner Kindheit: Halt die Ohren steif! ... Reiß dich zusammen! Hab dich nicht so! Beherrsch dich! Laß dich nicht so gehn! So lange du die Füße unter meinen Tisch steckst ..." (15).

Wenn nun aber die Grundlagen unseres Gefühlslebens zum größten Teil durch Frauen geschaffen werden, sind einige Fragen notwendig: Warum erziehen Frauen immer wieder Männer, unter denen später andere Frauen zu leiden haben? Und warum erziehen Frauen immer wieder Frauen, die Männer zu „männlichem Verhalten" provozieren?

Auch heute noch hat die Erziehung zu vieler Mütter (und sicher auch Väter) eine Prägung der Kinder zu typischen Männern und Frauen zum Ziel. Warum nur? Sicher gibt es gewisse natürliche, biologisch bedingte Unterschiede zwischen den Geschlechtern, wenn sie auch immer fließend sind. Ekkehard Kloehn hat darüber ein angenehm objektives Buch geschrieben (16), dessen Lektüre ich empfehle anstatt näher darauf einzugehen. In der üblichen Erziehung werden diese Unterschiede jedoch überhöht und verzerrt, bis hin zu teilweise fast schon perversen Auswüchsen, unter denen später als Erwachsene, Männer wie Frauen, leiden. Diese Erziehung zieht Vorurteile von unglaublicher Dummheit nach sich – von Männern gegenüber Frauen ebenso wie von Frauen über Männer. Das führt dann zu den zahllosen unnötigen Mißverständnissen und Erschwernissen zwischen den Geschlechtern, zu überflüssigen Ängsten und Verständnisproblemen: „Meine Frau versteht mich nicht" oder „Mein Mann versteht mich nicht".

Die Erziehung durch die Mutter könnte hier eine Menge verändern, ausgleichen und verbessern – zumal jede Mutter aus eigener Erfahrung die Probleme zwischen den Geschlechtern kennen dürfte. Auch in Kindergärten, Schulen und so weiter ließe sich in dieser Beziehung vieles verbessern – und überall dort haben Frauen großen Anteil daran, was letztlich dabei herauskommt:

– Männer, die kaum fähig sind, zu sich selbst und zu ihren Gefühlen zu stehen.

– Männer, die zu ihrem eigenen Körper, zu ihrer Sinnlichkeit und Sexualität den Kontakt fast schon verloren haben.

– Männer, deren Sensibilität für sich selbst, für andere und für das, was zwischen Menschen abläuft, blockiert zu sein scheint.

– Männer, die meist nicht einmal in der Lage sind, über all dies eine offene, klare und ehrliche Kommunikation auszuhalten, geschweige denn in Gang zu setzen.

Den meisten Männern sind durch die Erziehung eine ganze Reihe wertvoller und wichtiger Eigenschaften und Möglichkeiten verbaut oder erschwert worden – auch solche, die jetzt viele Frauen an Männern vermissen. Haben die Mütter Angst davor, daß ihre Söhne diese, oft als weiblich verstandenen Möglichkeiten entwickeln könnten? Manchmal kommt es mir tatsächlich so vor, als hätten Frauen ein wenig Unbehagen vor wirklich fühlenden, sinnlichen und offenen Männern – auch wenn sie sich ihre Partner insgeheim so wünschen. Würden die Mütter – zumindest diejenigen, denen all das bewußt ist – in ihrer Erziehung mehr auf diese Dinge achten, wäre vieles leichter, einfacher und klarer zwischen Frauen und Männern. Aber nein – selbst gebildete, informierte, „frauenbewegte" Mütter neigen dazu, ihre Söhne zu „Männern" zu erziehen, ihre eigenen Muster blindlings weiterzugeben.

Am auffälligsten ist übrigens gerade diese Erziehung und die gleichzeitig überragende, alles beherrschende Rolle der Mutter in manchen südeuropäischen und nordamerikanischen Gegenden, die nach außen häufig am meisten „patriarchalisch" wirken. Da spielen sich die Männer auf, daß es eine wahre Pracht ist. Da findet man noch heute vom „aufgeplusterten Gockel" bis hin zum „schärfsten Macho" alles, was Feministinnen eine Gänsehaut bescheren müßte. Aber wenn die Mama mit resoluter Stimme und gestrenger Miene zur Ordnung ruft, dann buckeln sie alle, diese Männer, auch wenn sie längst erwachsen sind! Die Frage muß erlaubt sein, warum diese Männer so sehr das Bedürfnis nach chauvinistischer Schau haben?

„Alle Männer haben Angst vor Frauen und alle Frauen haben Angst vor Männern, weil alle Angst vor der Liebe haben.

Wir haben Angst vor der Liebe, weil die Liebe ein kleiner Tod ist. Liebe erfordert, daß wir uns ausliefern, und das wollen wir ganz und gar nicht. Wir möchten gern, daß der andere sich ausliefert." (17)

Männer sind unsicher, sehr unsicher sogar. Je stärker die Wirkung der Mutter war und noch ist, je mehr die Mutter einem Mann „im Genick sitzt" (oder die Frau oder Freundin, auf welche die Mutter projiziert wird), um so mehr wird er sich Bereiche suchen, in welchen er seine Ohnmacht und Unsicherheit ausgleichen kann: durch das Gefühl der Macht, durch den Größenwahn des „Männlich-Sein". Das kann schlimme Folgen für ihn und seine Mitmenschen haben. Ob er sich nun für die erlittene Unterdrückung in der Erziehung an anderen Frauen rächt oder sich übermäßig groß, unabhängig, machtvoll und bedeutend aufspielt – alles dient nur dazu, seine Unsicherheit und Schwäche zu verbergen und niemanden merken zu lassen. Dazu haben Männer sich selbst ein weites Feld geschaffen, das ihnen Macht oder wenigstens das Gefühl von Macht geben kann: Politik, Wirtschaft, Recht und alle diese Gebiete, aus denen Frauen mehr oder weniger ausgeschlossen sind. Männer, die dort keinen entsprechenden Ausgleich finden, versuchen es auf zahllosen anderen Gebieten: Vom Kleingärtner- und Schützenverein bis zum Fußballplatz, von Familie und Sexualität bis zum Straßenverkehr – und meistens wirken sie dabei eher lächerlich, hilflos und kindisch als überzeugend oder beeindruckend.

Ob nun die Frauen ganz bewußt mit allen Mitteln aus solchen (Ersatz-)Funktionen ferngehalten werden oder ob sie von sich aus auf diese hohlen und nur scheinbar mächtigen Funktionen verzichten (was öfter der Fall sein dürfte, als man gemeinhin glaubt und im Grunde nur für ihren gesunden Menschenverstand spricht), auf jeden Fall bietet sich den Männern eine ganze Palette von Möglichkeiten, wenigstens so zu tun, als seien sie mächtig. Die Frauen gehen in dieser Hinsicht eher nach dem Motto vor: „Laß die Kinder (sprich: Männer) ruhig in ihren Sandkästen spielen."

Daß in den tatsächlich wichtigen Funktionen den Männern ihr Macht-Spiel entgleiten und zu Wahnsinnsfolgen für alle Menschen führen kann, liegt in der Natur der Sache: Wenn emotional verkrüppelte oder blockierte Menschen mit der Macht spielen, kann das für sie selbst und für andere letzten Endes schlimm, katastrophal oder sogar tödlich enden.

Es gibt einen ganz wesentlichen Unterschied zwischen natürlicher Autorität und dieser überall anzutreffenden aufgeblasenen Schein-Autorität, die allenfalls einen Geschmack von Macht hat: Im ersten Fall ist Macht gepaart mit Verantwortungsbewußtsein, Reife, Menschlichkeit, Einfühlsamkeit und Demut, weitgehend frei von egoistischen Motiven und dem Streben nach immer mehr Macht oder dem ängstlichen Klammern an Bestehendes. Im zweiten Fall spürt der Machtinhaber die fehlende Substanz, den Mangel an wirklicher Autorität, innerer Sicherheit und Reife. Er strebt nach immer mehr – in der Hoffnung, endlich einmal wirkliche und echte Macht zu fühlen. Diese „Macht" braucht die Ohnmacht (ohne Macht) anderer. Sie beruht auf Gewalt und latenter Gewaltandrohung, ist immer Macht *über* Menschen oder Sachen (18).

Solche Menschen sind skrupellos, kennen weder Verantwortung noch Menschlichkeit – das haben sie in der Geschichte schon viel zu oft bewiesen.

In unserem Alltag braucht sich jeder nur einmal umzusehen, um an jeder Ecke über Vertreter dieser Schein-Macht, die leider auch in reale Gewalt ausarten kann, zu stolpern. Das fängt in Rathäusern und Verwaltungen an und hört in den Chefetagen der Industrie und bei Regierungen noch lange nicht auf. Besonders unter Politikern finden sich unzählige Männer, denen anscheinend jegliches Verantwortungsgefühl für ihre Mitmenschen fehlt, die mehr auf persönliche Vorteile und Intrigen als auf den sogenannten Wählerauftrag achten, die sich bei entsprechender Kritik hinter Sachzwängen verschanzen, die sie zum Teil selber verursacht haben. Sie gefährden und zerstören lieber Natur und Menschheit, als beidem zu dienen, obwohl sie genau diesen Anspruch ständig im Munde führen – von wenigen Ausnahmen abgesehen, sind sie aufgeblasene Hampelmänner, Marionetten ihrer unaufgearbeiteten Gefühle und inneren Konflikte!

So verständlich es ist, wenn Frauen vermehrt gegen die Machenschaften solcher Machtinhaber aufbegehren, so nötig es ist, daß wir uns alle dagegen wehren – so unbegreiflich sind mir zwei Dinge:

Der Drang der Frauen in Positionen, die sie kaum besser ausfüllen können als Männer (wie viele Politikerinnen ja bereits gezeigt haben), und die Blindheit der Frauen für ihren eigenen Anteil an dem, was diese Männer so treiben – allzu häufig sogar mit dem vollen Einverständnis ihrer Frauen.

„Die Methoden, den anderen zu unterwerfen,
mögen bei Mann und Frau verschieden sein,
aber die Absicht ist die gleiche.
Die Methoden des Mannes sind roh, die der Frau subtiler.
Wenn der Mann die Freiheit der Frau zerstören will,
schlägt er sie vielleicht.
Wenn die Frau die Freiheit des Mannes zerstören will,
schlägt sie sich womöglich selbst,
und das ist bei weitem wirkungsvoller.
Wenn du jemanden schlägst,
kann der andere zurückschlagen, kann er reagieren.
Aber wenn du dich selbst schlägst,
kann der andere nichts machen;
er ist einfach wehrlos, er muß sich geschlagen geben." (19)

Es ist nicht nur die Erziehung, durch welche Frauen an den guten und schlechten Taten der Männer beteiligt sind. Schließlich hat ja jeder die Möglichkeit, sich irgendwann von Mutter und Erziehung zu lösen und neue Wege zu versuchen. Aber Frauen haben noch mehr Mittel: Angst und Schuldgefühle sind Feinde jeder Entwicklung und erschweren Ablösungen von der Vergangenheit. Mir fällt auf, daß die meisten Menschen mit Angst und Schuldgefühlen hantieren, als handle es sich nur um das Frühstücksgeschirr – und daß besonders Frauen in ihren Partnerschaften dort weitermachen, wo die Mütter aufgehört haben!

Zwar wurden zahllose Bücher darüber geschrieben, wie Männer Frauen Angst machen und sie mit Schuldgefühlen unter Druck halten. Doch wird meist vergessen, daß die Frauen den Männern in dieser Hinsicht nichts schuldig bleiben. Das „Spielen" mit den Ängsten und Schwächen der Männer, das ständige Nähren ihrer Schuldgefühle und ihres schlechten Gewissens – das alles beherrschen Frauen womöglich besser als Männer! Auch in der feministischen Literatur sind die Folgen solchen Verhaltens bekannt, genauestens beschrieben und heftigst kritisiert worden – aber nur bei Männern!

Für mich ist solches Verhalten immer eine Kriegserklärung, gleichgültig, ob es von Männern oder von Frauen ausgeht.

Einen Partner mit Schuldgefühlen und Ängsten zurechtbiegen zu wollen, ist für mich eine der bösesten Waffen, die jemals gegen

Menschen gerichtet wurden – weil sie nämlich unter dem Deckmantel von „Beziehung", „Partnerschaft" oder gar „Liebe" krank machen, Emotionen verkrüppeln und zerstören, ja sogar töten können. Diese Waffe reicht bis in Bereiche wie Politik, Wirtschaft und Gesellschaft, sie kann sich im Endeffekt gegen die ganze Menschheit richten. Und leider gehört dieses Verhalten zum Repertoire von Frauen ebenso wie von Männern.

Der Unterschied besteht allenfalls in der Raffinesse der Anwendung. Während Männer ihren Machtansprüchen meist mit roher Gewalt Nachdruck verleihen, haben Frauen die subtile Kriegsführung kultiviert: Sie kommen sozusagen durch die Hintertür. Schon wegen der gängigen Erziehung können sie in der Regel besser als Männer mit Gefühlen umgehen, zumal sie als Mütter sehr gut lernen können, wie Gefühle wirken und wie Menschen zu gängeln sind.

Ich weiß, auch aus eigener Erfahrung, daß ein Mann ebenso hilflos in den emotionalen Strategien einer Frau hängen wie eine Frau den körperlichen Aggressionen eines Mannes ausgeliefert sein kann.

Eines der erfolgreichsten Hilfsmittel von Frauen scheint mir hierbei die Sexualität zu sein. Ich weiß, daß ich damit Glatteis betrete – will es aber trotzdem tun, weil selbst Feministinnen darauf hingewiesen haben, daß Frauen ihre Sexualität, warum auch immer, als Ware handeln und als Waffe einsetzen. Simone de Beauvoir nennt den Körper der Frau ein Kapital, Alice Schwarzer spricht von Prostitution in der Ehe, also von einem Geschäft (!), Kate Millett nennt die Sexualität ein Tauschgeschäft und Germaine Greer stellt treffend und lapidar fest: „Die Versagung und Rationierung des Geschlechtsverkehrs ist eine wichtige Waffe gegen den Mann" (20). (Siehe hierzu auch den Beitrag von Roland Kübler in diesem Buch: Zwischen Traum und Trauma.)

Vielleicht ist es ja ein Trugschluß, aber der Eindruck drängt sich geradezu auf, daß viele Frauen mehr oder weniger bewußt ihre eigene Sexualität bremsen. Sie treiben damit immerhin die Männer in einen ständigen Notstand, vor allem, wenn sie ihm gleichzeitig andere sexuelle Beziehungen verbauen, erschweren oder zumindest verübeln. Und sie haben ein vortreffliches Mittel, ihren Männern immer wieder das schlechte Gewissen aufzufrischen („Du willst immer nur das Eine!") und sie auf diese Weise gefügig und lenkbar zu machen.

Daß die Männer in unserer Gesellschaft unter einem permanenten sexuellen Notstand leiden, ist ja wohl kaum von der Hand zu weisen. Anders ist nicht erklärbar, warum zum Beispiel Werbung für Autoreifen oder Stereoanlagen mit Hilfe nackter Frauen Erfolg hat, warum sich Zeitschriften mit nackten Schönheiten in verheißungsvollen Posen auf dem Titel nachweislich besser verkaufen, oder warum eine Milliarden-Industrie sich an der Pornographie und ihren Randerscheinungen, einschließlich der Prostitution, dumm und dämlich verdienen kann. Es ist mir nicht vorstellbar, daß sexuell einigermaßen zufriedene Männer durch all diese Dinge zu fangen und auszubeuten sind.

Dabei muß bedacht werden, daß im Grunde Frauen das sexuell stärkere Geschlecht sind; schon durch ihre körperliche Situation kann jede Frau jedem Mann an sexueller Aktivität überlegen sein. Auch die sexuelle Phantasie von vielen Frauen scheint mindestens ebenso zu blühen wie die der Männer, wenn den einschlägigen Erfahrungsberichten und Untersuchungen geglaubt werden kann. Das gilt seltsamerweise auch bei Frauen, die im realen Leben ihre Träume nicht einmal anzusprechen, geschweige denn auszuleben wagen.

In vielen Situationen, in welchen Frauen auf therapeutischem Wege oder durch Alkohol von gewissen Hemmungen befreit werden, brechen offensichtlich ganze Dämme – anders läßt es sich fast nicht beschreiben. Elaine Morgan, also eine Frau, schreibt dazu: „Irgendwo in den tiefsten Schichten des männlichen Bewußtseins aber liegt die Überzeugung vergraben, daß irgend etwas Zimperliches und Unechtes an der Art ist, wie sich Frauen benehmen, und daß es, wenn sie nicht so verdammt scheinheilig wären, Zeiten für jede einzelne von ihnen geben müßte – sagen wir jede vierte Woche –, wo sie durch die Straßen liefe und fröhlich zugäbe, daß sie verrückt nach Sex sei und von allen Vorüberkommenden Sex fordere wie eine junge Brülläffin, und daß sie ihre Beute verfolgte, bis die Sonne unterginge und die Männer alle erschöpft in speziellen Geheimverstecken hockten. Armer Homo sapiens, davon halten wir Frauen nichts mehr. Wir sind nicht mehr die Partnerin, die wir nach dem ursprünglichen Plan sein sollten" (21).

Sicher, man darf nicht übersehen, daß während der Erziehung die Sexualität der Mädchen stärkerem Druck unterliegt durch Moral, Sitte, Anstand und die Angst vor Schwangerschaft. Dennoch behalten Mädchen ein innigeres Verhältnis zu ihrem Körper (Pflege, Kosmetik, Menstruation usw.) als Jungen, was die Entwicklung von Sinnlichkeit wiederum erleichtert. Frauen sind üblicherweise mehr eins mit ihrem Körper, während Männer in der Regel ihren Körper als Gebrauchsgegenstand, als etwas im Grunde Fremdes empfinden.

Trotzdem wäre es Unsinn, zu leugnen, daß Frauen ihre Sexualität sicherlich schwerer entdecken und annehmen können als Männer. Aber auch sie haben selbstverständlich die Möglichkeit, sich von anerzogenen und angelernten Hemmungen zu befreien. Und an diesem Punkt gewinne ich oft den Eindruck, daß Frauen ihre Blockaden und Hemmungen eher pflegen als bekämpfen.

Außerdem sprechen noch ein paar andere Faktoren für die Aufrechterhaltung des Monopols auf Vergabe von Sex durch die Frauen: Zu Beginn vieler Beziehungen geben sich Frauen häufig, nach anfänglichem Zieren, sexuell aktiver und interessierter als nach längerer Beziehung oder in der Ehe, wo sie dann oft sogar froh sind, wenn sie in Ruhe gelassen werden. Warum diese Schau? Um den Mann erst mal zu ködern, an sich zu fesseln und von sich abhängig zu machen? Auch was äußerliche Attraktivität betrifft, die „werbewirksame Verpackung" oder den „Sex-Appeal", geben sich viele Frauen vor oder zu Beginn einer Beziehung oft erhebliche Mühe, auch wenn sie es ein paar Jahre später dann „nicht mehr nötig haben" – warum wohl? Es hat doch auch etwas damit zu tun, daß sie sich selbst als attraktive Partnerin darstellen wollen. Das geschieht übrigens auch in der „alternativen Szene" – nur auf andere Weise. Wie ist sonst zu erklären, daß die meisten dieser Frauen später ihrem Partner nur noch den Alltags-Look vorführen und sich allenfalls für den „freien Markt" attraktiv machen? Und der wichtigste Punkt dürfte wohl die, leider von der Mehrzahl der Frauen vorgeführte, Orgasmus-Schau sein – wie auch feministische Untersuchungen zeigen. Auch wenn dahinter sicher leidvolle und deprimierende Ursachen stecken: Warum glaubt eine Frau, auf solch eine verlogene Weise ihrem Partner etwas vorspielen zu müssen, was sie gar nicht empfindet? Mag sich jeder Leser und vor allem jede Leserin ihre eigenen Gedanken dazu machen. Ich jedenfalls bin überzeugt, daß auch der Wunsch dahinter steht, den Mann sexuell an sich zu binden – auf einem Bereich, der ihr überhaupt nicht wichtig ist – und sei es durch eine möglichst gute schauspielerische Darbietung. Wenn frau zu etwas keine Lust hat, dabei nichts fühlt, aber trotzdem totales Ausflippen vorspielt, dann verfolgt sie damit einen bestimmten Zweck. Selbst wenn dies der an sich gutgemeinte Wille sein mag, den Partner zu erfreuen, erfüllt frau damit zweierlei: Zum einen lügt sie den anderen an, was ja mit Liebe nichts zu tun hat, und zum anderen stellt sie sich anders, „besser" dar als sie ist – um den anderen zu fesseln. Vielleicht, damit's ihm eine andere Frau nicht besser vorspielt oder sich gar tatsächlich gehen läßt?

„Die Männer glauben nur, die Herren im Hause zu sein.
Die Frauen wissen es besser – aber das sagen sie nicht laut.
Und sie brauchen ihre heimliche Herrschaft
auch gar nicht öffentlich zu erklären,
denn sie ist ihnen sowieso absolut sicher.
Der Mann erklärt sich zum Herrn, weil er sich nicht sicher ist,
weil er es nicht so genau weiß.
Und die Frau stimmt ihm zu:
,Ja, du bist der Herr im Haus.'
Sie kann es sich leisten. Schließlich weiß sie es besser." (22)

Wenn auch die Frauen in Politik, Wirtschaft und Gesellschaft offensichtlich oder scheinbar ohnmächtig sind, so sind sie doch an der
politischen Willensbildung beteiligt, zum Beispiel durch Wahlen in
demokratischen Staaten oder durch ihren Einfluß auf Ehemänner
und Kinder. Dabei fällt auf, daß sie in der Regel erstaunlich konser-
vativ wählen, häufig eine sexualfeindliche, oft sogar unübersehbar
frauenfeindliche Politik bevorzugen. Fast schon perverse Beispiele
dafür sind die Begeisterung vieler Frauen im Dritten Reich für Adolf
Hitler oder im heutigen Iran für Khomeini.

In Erziehung und Familie halten sich Frauen schadlos für die ansonsten erfahrene Benachteiligung. Von Ausnahmen und Extremfäl-
len abgesehen, genießen sie in diesen Bereichen eine zum Teil
überragende Macht, die sie – ebenso wie anderswo die Männer –
mit Zähnen und Klauen verteidigen. Nun könnte man immerhin festhalten, daß sie mit dieser Macht eine Verantwortung tragen, die vor
allem in der Erziehung gar nicht hoch genug eingeschätzt werden
kann. Doch nur wenige Frauen sind dafür wirklich geeignet. Statt
das Beste daraus zu machen, beschränken sich viele darauf, ihre
Position in Familie und Ehe auszubauen oder zu festigen, ihre Kinder zu verkorksen und ihren Männern so nach und nach das Rückgrat zu brechen.

Die Männer revanchieren sich wiederum dafür, indem sie hin und
wieder in unnötiger und sinnloser Aggression ihre Nöte an Frauen
und Kindern austoben oder sich in sogenannten wichtigen Positionen in Politik, Wirtschaft und Gesellschaft eine Bedeutung und Befriedigung suchen, die sie dort allenfalls am Rande bekommen, aber
niemals wirklich finden. Aber sie werden von ihrem eigenen, aus in-

nerer Unsicherheit und Unzufriedenheit genährtem Ehrgeiz, von ihren Ängsten und nicht zuletzt von ihren Frauen in diese Rollen gedrängt oder darin bestärkt – die Frauen wissen schon warum.

Die erste Waffe, mit welcher Frauen die Männer angreifen, ist die Beschneidung oder Blockierung wertvoller Qualitäten und Eigenschaften. Damit beginnen sie schon in den ersten Lebensjahren bei den eigenen Söhnen.

Besonderes Augenmerk wird dabei auf die Verstümmelung der männlichen Sexualität gerichtet. Die zum Teil perversen und traurigen Folgen dieser Verstümmelung nehmen die Frauen als notwendige Begleiterscheinungen in Kauf: kaputte Sinnlichkeit, Vergewaltigung und Sexualmord. (Man beachte übrigens, daß es praktisch keine weiblichen Sexualverbrecher gibt!) Es ist Frauen offenbar lieber, unsichere und blockierte Männer durch sporadische Gewährung der ersehnten Sexualität zu gängeln. Und es fällt ihnen ja leicht, weil die Männer in ihrer Kaputtheit Geschlechtsverkehr meist nur als Bestätigung und nicht als tiefen und wesentlichen Bereich zwischenmenschlicher Kommunikation erleben.

Dadurch ist die Sexualität, im weitesten Sinne, auch bei der Frau zur Ware und Waffe verkommen, die sie durchaus gerne einsetzt, auch wenn sie unter den Nachteilen dieser Verzerrung selbst leidet. Aber um der Macht willen verzichten Menschen auf vieles und nehmen manchmal große Nachteile im Gefühlsbereich in Kauf.

Im Rahmen dieser Erziehung erreichen Mütter noch etwas, das leicht und oft übersehen wird: Sie prägen, wenn auch nicht für immer und ewig, so doch tief und nachhaltig, die emotionale Struktur ihrer Kinder und dabei auch der späteren Männer. Da in allen Lebensbereichen, auch in Politik, Wirtschaft und Gesellschaft, die meisten Entscheidungen – gegen alle Vernunft – mehr durch emotionale als durch sachliche Hintergründe bestimmt werden, nehmen Frauen indirekt auch hierauf Einfluß, sind sogar an Tendenzen und Erscheinungen beteiligt, die sich letztlich gegen sie selbst, manchmal gegen die ganze Menschheit richten.

Hier höre ich schon den Widerspruch und weiß, daß viele nicht aufmerksam lesen und trotzdem kritisieren oder meine Gedanken nicht konsequent zu Ende denken. Deshalb will ich ein wenig näher darauf eingehen:

Sicher – es leuchtet auf den ersten Blick vielleicht nicht ein, daß sogar Politik und Wirtschaft, mehr als uns lieb ist, durch emotionale als durch sachliche Hintergründe bestimmt werden. Wer sich aber mit klarem Blick und wachem Verstand umsieht, wird soviel Unvernunft, Schwachsinn und sogar selbstmörderische Tendenzen in diesen Bereichen finden, daß einem kalte Schauer den Rücken rauf und runter laufen.

Jeder kann an sich selbst beobachten, daß schon die Wahrnehmung durch bewußte und unbewußte Gefühle beeinflußt, manchmal sogar eingeschränkt wird. Sogenannte sachliche Entscheidungen werden auf der Grundlage dieser Wahrnehmungen und der dadurch geprägten Einstellungen und Argumente getroffen. Wer kennt sie nicht, die „vernünftigen" Gespräche unter Ehepartnern, die im Kreis unausgesprochener oder unbemerkter Gefühle steckenbleiben; die Diskussionen unter Kollegen, in welchen Sachbeiträge eindeutig gefärbt sind von Rivalität, Antipathie oder Sympathie; die Vorgesetzten, die sich vor sachlich notwendigen Entscheidungen drücken aus Angst vor Neuerungen und damit eventuell verbundenem Orientierungsverlust? In unserer Welt gibt es zahllose Hinweise auf Ängste, Vorurteile und andere emotional gelenkte Behinderungen, die sich hinter angeblichen Sachzwängen oder Notwendigkeiten verbergen und manchmal gar zu Katastrophen wie dem Dritten Reich führen. Ein zur Zeit auffälliges Beispiel ist das Bemühen fast aller Politiker und Industriemanager, diesen Planet nach und nach zu zerstören, sei es durch unverantwortliche Ausbeutung unserer Umwelt oder durch den Rüstungswahnsinn dieser Tage. Niemand wird doch im Ernst dahinter Vernunft und Sachdienlichkeit vermuten!

In diesem Sinne tragen also auch alle Mütter, die ihre Söhne zu solchen typischen Machern erziehen, zum Gang der Welt bei, ebenso wie alle Frauen, die dies dulden, fördern oder gar mit Vergnügen die fragwürdigen, kurzfristigen Vorteile genießen. Ich will nicht unbedingt das Vorurteil stärken, daß hinter jedem „erfolgreichen" Mann eine starke Frau steht – aber immerhin gibt es Frauen, die ihren Mann unterstützen oder sich zumindest nicht wehren und dadurch auf jeden Fall solidarisch mit ihm erscheinen.

Und niemand kann mir erzählen, eine Frau habe keine Mittel und Wege, ihren Partner wenigstens zu beeinflussen!

„Softies sind genauso wie der Wolf, der seine Stimme mit Kreide glättet, um Einlaß bei den sieben Geißlein zu finden: Sie suchen Opfer. Und sind wir nicht willig, so versuchen sie's auf die Sanfte. Doch durch den Weichspüler wird aus einem Macker allenfalls ein Micker, aber noch lange kein neuer Mann." (23)

Es wäre ungerecht, wollte ich es ähnlich machen wie so häufig die Frauenbewegung: das Kind mit dem Bad ausschütten. Man muß unterscheiden zwischen Theorie und Inhalt des Feminismus an sich und dem, was einzelne Frauen und Gruppen daraus machen. Auch wenn viele Feministinnen oder vom Feminismus ein wenig angehauchte Frauen eine Menge übersehen, nicht wahrnehmen (wollen!) oder nicht ganz richtig interpretieren – was die Frauenbewegung geleistet und in Gang gesetzt hat, kann auch von uns Männern nicht hoch genug eingeschätzt werden. Natürlich wurde uns Männern viel Peinliches, Unbequemes oder gar Bedrohliches um die Ohren gehauen – vieles davon völlig berechtigt. Es wurden uralte Verkrustungen aufgelöst, Positives in Bewegung gesetzt und eine ganze Reihe von Chancen und Möglichkeiten eröffnet, die Frauen und Männern ohne den Kampf der Frauenbewegung kaum zur Verfügung stehen würden. Aber es wurde auch manches Negative in die Welt gesetzt, überall dort, wo Frauen in blinder Feindschaft, ohne sich ein wenig Selbstkritik zu bewahren, im Haß gegen die eine Hälfte der Menschheit erstarrt sind. Obwohl ich das verurteile, will ich daran erinnern, daß auch wir Männer in dieser Hinsicht keineswegs Engel sind und wir uns besser um unsere eigenen Fehler kümmern sollten.

Was jetzt nötig ist: eine Männerbewegung! Ich meine damit keine Erwiderung auf die Frauenbewegung, sondern eine Antwort. Keine Diffamierung des Feminismus oder einzelner Frauen, sondern eine sinnvolle und tatkräftige Ergänzung. Kein hilfloses Selbstmitleid, auch keinen ehrfürchtigen Kniefall, sondern eine offene und ehrliche Auseinandersetzung und Richtigstellung dort, wo es nötig ist. Ich wünsche mir von den Männern eine Provokation zu einem Dialog, der in eine sinnvolle, konstruktive und vor allem dringend notwendige Zusammenarbeit mündet. Was dabei herauskommt, wenn Männer glauben, die Welt ohne Frauen „regieren" zu können, hat sich längst erwiesen – ich habe Zweifel daran, daß Frauen das alles ohne Männer besser machen würden.

Das Männliche und das Weibliche sind zwei Seiten des gleichen Weges, der gleichen Münze – zusammen bilden sie erst eine Einheit. Der einen Seite fehlt immer etwas sehr Wesentliches ohne die andere. Wenn wir diese Welt verbessern wollen, sind Frauen ebenso wichtig wie Männer und Männer ebenso wichtig wie Frauen.

Dazu müssen wir Männer uns endlich in Bewegung setzen! Zur Zeit hat es den Anschein, als würden Männer entweder ehrfürchtig-erschreckt vor der Frauenbewegung verharren oder mit kindlichem Trotz reagieren oder sich blind an das klammern, was ihnen bisher lieb und teuer war. Alle diese Männer verschließen ihre Augen vor den wertvollen Anstößen der Frauenbewegung!

Aber es gibt auch Männer, die sich bereits bewegen, wenn auch noch vorsichtig, zaghaft, tastend – doch es sind zu wenige! Um den Frauen eine gute und starke Bewegung zur Seite – und manchmal entgegen – stellen zu können, müssen sich noch sehr viele Männer bewegen, muß eine wirkliche Männerbewegung entstehen!

Erich Rauschenbach

Lust-Los

DASS DU JEDESMAL SO EINE SHOW
ABZIEHST, WENN ICH MAL KEINE LUST HABE....

Roland Kübler

Zwischen Traum und Trauma

Ich habe die Hoffnung,
daß die Menschen ihr Leiden erkennen:
Den Mangel an Liebe.
(Erich Fromm)

I. Beziehungen: Ganz normal ver-rückt

Nirgendwo wird häufiger mit Halbwahrheiten, Unwahrheiten und Unausgesprochenem gelebt, als in einer ganz normalen „Liebesbeziehung".

Wir leben Beziehungen in einer Welt von Klischees. Durchaus aufgeklärte, fortschrittliche und „bewußte" Menschen inszenieren in ihren privaten, emotionalen Beziehungen jeden Tag „Dallas-privat" in einer „McDonald-Wirklichkeit".

Wir drehen uns allesamt in unseren Scheinwelten – gefangen in eigener Nabelschau, gesellschaftlich geprägten Vorurteilen, sozialisationsbedingtem Verhalten, privaten Fixierungen und einer bodenlosen Ignoranz all dem gegenüber, was die Grundsäulen unserer mühsam zusammengeschusterten und bis aufs Blut verteidigten „Wirklichkeit" erschüttern könnte.

Die Diskrepanz zwischen Traum und Trauma läßt uns in nahezu jeder engen menschlichen Beziehung scheitern. Begründungen für dieses Scheitern zu finden, fällt uns nicht schwer. Es ist ja „schick", das auszuleben, was man/frau umtreibt. Es ist „in", das zu machen, zu dem man/frau gerade stehen will – selbst wenn es der hirnrissigste Blödsinn ist. Wir begründen unser Tun und Lassen mit einer Freiheit, von der wir überhaupt nicht wissen, was denn das eigentlich ist – Freiheit.

Je nach ideologischem, emotionalem und entwicklungsbedingtem Standpunkt regt sich unser Gewissen: beim Protest gegen Raketenstationierungen, beim Umweltschutz, bei Problemen der dritten, vierten und fünften Welt, beim Tier- und Kinderschutz, bei der Frage nach einer keimfreien Wohnung oder ob denn ein IKEA-Regal wirklich nicht ein Widerspruch in sich, in dieser uns'rer Welt ist. Immer wieder sind wir bereit – oftmals ungefragt und ungebeten, meist aber vor allem unqualifiziert – Verantwortung zu übernehmen, uns zu engagieren und aktiv teilzunehmen am „Leben". Gegenüber unseren Partnern (und das sind nun mal wirklich unsere allernächsten Mitmenschen!) flüchten wir uns in drittklassige Ausreden, Banalitäten und undurchschaubare, emotionale Spiegelgefechte.

Uns selbst und die Welt sehen wir gerne und bereitwillig als komplexes, nahezu unfaßbares Gebilde – durch unsere Beziehungen hasten wir mit fast geschlossenen Scheuklappen, verkrampft, verbohrt und eindimensional.

Wir können und wollen nicht zugeben, daß unser Traum von Partnerschaft und die gewünschte Vorstellung des eigenen Selbst völlig vernagelt sind mit Vorurteilen, irrationalen Sehnsüchten und Ängsten, Schwarz-Weiß-Malereien und einer Emotionen-Performance, die das Faschingstreiben in Venedig zur müden Maskerade degradiert. Ich sehe – und viele Untersuchungen und Berichte bestätigen dies – in zwischenmenschlichen Beziehungen meist völlig desillusionierte, aller schöpferischen Kraft beraubte und einem hoffnungslosen Traum nachhängende, traumatisch geprägte Männer und Frauen. Aber anscheinend ist es leichter, traumatisch beeinflußt mit einem idealisierten Traum im Hinterkopf zu leben, als ohne Traum, dafür aber ganz bewußt, in einer als echt erkannten und erlebten Wirklichkeit.

Die Macker hängen ihrem Wild-West-Traum nach. Feministinnen träumen von der guten alten Amazonenzeit (und würden glatt ihre linke Brust dafür hergeben). Softies ergeben sich ihrer Sehnsucht nach der „Venus im Pelz" und Hausfrauen stehen immer noch auf Humphrey Bogart.

Zum Dauerthema „Beziehung der Geschlechter" gibt es eine kaum noch überschaubare Flut von Literatur – weshalb eigentlich? Irgendwann müßte das ganze doch mal beredet sein! Auffallend ist: Dem breiten Angebot sogenannter Frauenbücher – bei einer Vielzahl dieser Titel lohnt eine eingehende Lektüre bestimmt nicht, da kann ich nur um die vielen hilflosen Bäume trauern, die deshalb frühzeitig fallen mußten! – stehen nur recht wenig „Männerbücher" gegenüber (was oben über Bäume ausgeführt wurde, gilt leider – mir blutet das Herz – auch hier!). Festzustellen ist, der Mann hat anscheinend keine Beziehungsprobleme. Wie sollte er auch? Ist er doch, nach allgemein gültiger Meinung, derjenige, der durch seine frauenfeindliche, patriarchalische Haltung immer nur die Probleme der Frau verursacht und dafür verantwortlich ist. Na, wenn das nicht eine Aufgabe ist, die wirklich echte Männer braucht!

In der einschlägigen Lila-Literatur werden demzufolge Frauen gezeichnet als: ausgebeutete, unterdrückte, vom Manne geprägte, vermarktete, machtlose, verführte, wehrlose Opfer, Sklavinnen, unmündig gemacht, für dumm verkauft, in Rollen gezwängt, ... – obskure Objekte eben. Tja, meine Mit-Brüder, so sieht's also aus. Das haben wir alles angestellt mit den Frauen, diesen hilflosen Geschöpfen. Und weil wir das erkannt haben, liegt der logische Schluß nahe: Deshalb also ist die Selbstmordrate bei Männern wesentlich höher als bei Frauen. Wie sollte ‚man' mit solchen Vorwürfen auch noch leben können!

Wie Frauen (und zwar alle!) wirklich sind, erfahren wir natürlich auch in dieser Bekenntnis- und Beschuldigungsliteratur. Sie sind nämlich – da führt kein Weg dran vorbei: sensibler als Männer, offener als Männer, warmherziger als Männer, friedfertiger als Männer (Guten Tag Frau Thatcher, guten Tag Frau Ghandi), spontaner als Männer, kreativer als Männer, ... kurzum, sie sind einfach die bessere Ausgabe des Menschen, daran gibt's überhaupt nichts zu deuteln. Wenn diesen so beschriebenen Frauen noch ein Knopf ins Ohr gedrückt würde, könnten sie bei Steiff's Kuscheltieren in Serie gehen.

„frauen haben grössere reserven. bei einem mann setzt die menschliche verkümmerung meist so frühzeitig ein, daß er weitgehend jeden menschlichen bezug verloren hat ..." (1)

Da stehen wir nun also im Regen, nicht nur als Buhmänner der Nation – da haben wir ja andere – nein, sondern als Bösewichter, Halunken, Ganoven, zwielichtiges Gesindel der Menschheitsgeschichte und lassen uns von dieser dumm-dreisten Schwarz-Weiß-Malerei mundtot reden. Wenn die Frauen nur so wären, wie oben beschrieben, der Traum der meisten Männer hätte sich erfüllt – weil dem aber beileibe nicht so ist, hängen sie weiter in ihrem Trauma und wissen überhaupt nicht, wo's eigentlich langgeht.

Das Problem für die meisten Männer ist ja, daß vieles, was in dieser Lila-Latzhosen-Literatur beschrieben wird, tatsächlich stimmt – vielleicht ist das der Grund, weshalb auch ein Großteil des restlichen Schwachsinns geglaubt wird. Viele der dort angeschnittenen und aufgezeigten Probleme stimmen für Frauen – für den übrigen Rest der Menschheit dagegen stellen sich eine Menge Probleme aus ganz anderer Sicht dar. Die Überzogenheit und Radikalität vieler feministischer Ansätze und Meinungen hatte und hat durchaus ihre Berechtigung und Begründung im verkrusteten System einer ignoranten Männerwelt. Unverständlich ist für mich jedoch das Unvermögen der Männer, auch eigene Standpunkte aufzuzeigen und ihr Unbehagen zu formulieren. Für Männer scheint es zur Zeit nur zwei Möglichkeiten zu geben:

Entweder sie bewegen sich im Windschatten der Frauenbewegung – ein lebenslanger Gang nach Canossa ist ihnen sicher. Dadurch kasteien sie sich selbst: „MEIN GOTT, WAS SIND WIR MÄNNER SCHLECHT!" Diese Haltung widerspricht logischerweise einer konstruktiven und kreativen Auseinandersetzung mit der eigenen Rolle und mit den Frauen. „Viele (…) Ausführungen zweifellos wohlmeinender Autoren zur Lage des Mannes haben sich dem Gegenstand (…) hauptsächlich von der Schuld- und Schmach-Seite genähert; abwechselnd schimpfen sie ihn aus, warnen ihn oder predigen ihm, sich zu ändern und nicht länger ein männlicher Chauvinist zu sein. In all den Jahren meiner psychotherapeutischen Praxis ist mir noch nie jemand begegnet, der sich auf eine für ihn selbst nützliche und sinnvolle Art ändert, wenn er von Schuldgefühlen, Scham und Selbsthaß motiviert ist. (…) Ich glaube, daß die Bewegung ‚Befreiung des Mannes' – in ihrer derzeitigen Form – zum Scheitern verurteilt ist, weil sie auf Selbstanklage und Selbsthaß beruht und sich die feministischen Behauptungen zu eigen macht. Sie läßt sich den Mythos aufschwatzen, daß der Mann in unserer Kultur begünstigt ist – eine Ansicht, an der einfach festgehalten wird, obwohl jede kritische Statistik auf den Gebieten Lebensdauer, Selbstmord, Kriminalität, Unfälle, emotionale Krisen der Kindheit, Alkoholismus und Drogensucht einen unverhältnismäßig höheren männlichen Anteil aufweist." (2)
Die andere Position ist: Möglichst unauffällig weitermachen wie bisher. Auch hier kann eine fruchtbare Auseinandersetzung nicht stattfinden.

Dabei hätten die Männer (gibt's die überhaupt?) in einer Auseinandersetzung, die sie nicht nur im Kopf, sondern vor allem weit unter der Gürtellinie betrifft, sicher einiges zu sagen. Warum es Männern schwerfällt, nicht plump zu reagieren, sondern kreativ und konstruktiv (befruchtend!) zu agieren, hat viele Ursachen. Eine der zentralsten und wichtigsten ist in der Sexualität begründet. Sexualität ist einer der entscheidendsten Punkte in einer zwischenmenschlichen Beziehung, darüber gibt es wohl kaum noch Diskussionen. Es soll hier nicht der These das Wort geredet werden: Wenn die Sexualität stimmt, dann ist die Beziehung in Ordnung. Aber immerhin – die katholische Kirche möge mir verzeihen – eine wichtige Grundvoraussetzung wäre damit schon erfüllt. Wichtig scheint mir weiterhin, darauf hinzuweisen, daß ich Sexualität nicht nur mit Körperlichkeit, wilder Rammelei und chaotischem Bettendurchpflügen gleichsetze. Erfüllende Sexualität und Erotik hat noch ganz andere Dimensionen. Tatsache ist: Die überwiegende Mehrheit aller Männer und Frauen, ob in dauerhaften Beziehungen oder als fröhlich flippende Singles, leiden Mangel, sind nicht ausgefüllt, sind unzufrieden mit ihrem Sexualleben. Nun war und ist gerade dieses Problem ein wichtiger Ansatzpunkt für die Frauenbewegung, um erste Schritte zur „Befreiung" zu unternehmen. Die Männerseite war und ist recht still – es scheint, als ob ihr das Problem sexueller Abhängigkeit, sexueller Wunschvorstellungen, sexuellen Unbehagens nicht bekannt ist. Aber, und sämtliche Untersuchungen reden da Klartext, die Männer sind eben nicht zufrieden. Sie sind nur still. Der Grund dafür ist offensichtlich nicht so sehr an der Oberfläche zu suchen. Um das Problem einigermaßen in den Griff zu bekommen, muß wirklich etwas weiter ausgeholt werden.

II. Wie lernen Männer ihr Phantasiemodell von Sexualität

Die Meinung, Sexualität sei etwas animalisches, instinktives, ist weit verbreitet. Tatsache jedoch ist: Sexualität ist zwar genetisch in uns verankert – männliche Neugeborene haben Erektionen – unsere speziell menschliche Sexualität müssen wir aber zunächst einmal erlernen. Versuche mit Primaten haben ergeben, daß ihr Sexualverhalten empfindlich gestört ist – im Extremfall sind sie sogar unfähig zur Sexualität –, wenn bestimmte Voraussetzungen fehlen, wie: Berührungen durch Mutter und Vater, Spielen im sozialen Verband, gegenseitige Körpererkundung sowie die Beobachtung älterer Primaten bei der Paarung. Um dem Instinkt zu folgen, genetisch zu überleben, würde es ausreichen, sich ab und an oder zu bestimmten Brunftzeiten zu paaren. Nun hat aber der Mensch, sozusagen als besondere Dreingabe einer höheren Ordnung, zwölf Monate im Jahr Brunftzeit – und das verkompliziert natürlich die ganze Sache erheblich.

„Heterosexuell orientierte Männer werden häufig durch den Anblick der Brüste einer bekleideten Frau, durch das Ausziehen eines Büstenhalters oder durch das Berühren eines Busens erregt... Diese Vorgänge werden oft von dramatischen psychologischen und physiologischen Veränderungen im Mann begleitet, die er als angemessen für seine sexuellen Aktivitäten empfindet. Für ihn als Beteiligten ist es schwer, ... sich zu erinnern, wie viel er lernen mußte, damit ihm all diese Ereignisse als Ereignisse von sexueller Bedeutung erscheinen. Es gibt keine automatische Verbindung zwischen der Berührung eines Busens und dem Blut, das in die Genitalien fließt." (3)

Wie kommt es nun, daß Männer und Frauen auf offene und versteckte Botschaften des anderen Geschlechts sexuell reagieren, obwohl diese mit „ursprünglicher Sexualität", einer genetisch notwendigen, weil arterhaltenden Sexualität, so gut wie gar nichts zu tun haben?

Im Klartext muß die Frage wohl lauten: Weshalb stehen manche Männer auf langbeinige Frauen in Stöckelschuhen? Der Arterhaltung dient dies sicher nicht! Im Gegenteil: Selbst die oft lebensrettende Flucht im Dschungel unserer Städte wird dadurch erschwert. Ich könnte noch eine Vielzahl solcher Beispiele anführen, aber ich denke, das Problem ist klar: Was wir alle an sexuellen Vorstellungen mit uns herumtragen, hat mit Natürlichkeit so wenig zu tun wie die heutigen olympischen Spiele mit Sportlichkeit.

Nahezu alle Männer (und sicher auch die meisten Frauen) entwickeln ihre Vorstellung von Sexualität, lange bevor sie Zugang zu umfassenden und exakten Informationen über diesen, für ihr Leben so wichtigen Bereich erhalten. In unserer Gesellschaft eignen sich dazu vornehmlich verquere Stereotypen – darüber, wie männliche

Sexualität aussehen soll. Diese Vorstellungen setzen zunächst einmal fest, daß Männer in bezug auf Sex selbstsicher und ohne Zweifel aufzutreten haben. „Jeder richtige Mann weiß schon, was er zu tun hat!" – und da stehen sie dann, die Männer, und bemühen sich zu wissen, was sie zu tun haben. Immer wenn sie mit einer Frau zusammen sind, geht's ans Eingemachte. „High noon", der einsame Held kurz vor dem entscheidenden Duell – hoffentlich ist der Revolver geladen! Zweifel bei sexuellen Fragen oder gar Probleme und Ängste disqualifizieren den Mann in seiner Männlichkeit – und wer zeigt sich gern selbst die rote Karte? Vor diesem Hintergrund ist es leicht verständlich, daß sich die meisten Männer verstellen: Ihre Unsicherheit überspielen sie mit gesteigertem Selbstvertrauen, sie prahlen und protzen mit Wissen, das sie meist nicht haben. Der Preis dieser Täuschungen ist hoch – die meisten Männer betrügen sich um ihre eigenen Gefühle.

Nun mag man/frau sagen, daß es Mädchen sehr wohl genauso ergehe. Das ist nur zum Teil richtig. Nicht nur, daß Mädchen wesentlich früher und vor allem detaillierter über Sexualität aufgeklärt werden – die Angst der Eltern vor dem ungewollten Kind ist eine mächtige Motivationskraft – auch die Behandlung des Themas „weibliche Sexualität und spezifische Mädchenprobleme" nehmen im Titelangebot des deutschen Buch- und Zeitschriftenmarktes einen wesentlich umfangreicheren Raum ein als die gleiche Problematik männlicher Jugendlicher.

Erschwerend kommt hinzu: „In den ersten zehn Jahren sind seine wichtigsten Identifikationsfiguren hauptsächlich Frauen, vor allem die Mutter und gegebenfalls die Lehrerin. Vater kommt entweder spät von der Arbeit heim und ist zu müde, um sich mit seinem Sohn abzugeben, oder die Eltern sind geschieden und Mutter hat das Sorgerecht. Infolgedessen muß der Junge sich die Anhaltspunkte für seine Identitätsfindung als Mann hauptsächlich aus zweiter Hand holen, aus dem, was die Mutter darüber sagt, aus dem Fernsehen, aus Büchern." (4)

Unser flaumbärtiger Held hat schwerste Identifikationsprobleme und wächst mit einem permanenten und ungeheuer drängenden Informationsdefizit in Sachen Sex auf. Ohne über das notwendige Basiswissen zu verfügen, muß er Frauen gegenüber immer wieder die Rolle des Sexual-Hauptdarstellers spielen, der sein Drehbuch in- und auswendig gelernt hat. Er muß sich vorkommen wie ein hoffnungsvoller Nachwuchsschauspieler, der eine Rolle in einem Film spielen soll, von dem er weder Drehbuch und Regisseur, noch genauere Handlung kennt – egal was er macht, es kann immer das Falsche sein!

Weil unser männlicher Sproß nur schwer exakte Informationen auftreiben kann – das ist selbst in unserer Zeit tatsächlich immer noch so – verschlingt er gierig alles, was ihm die nötigen Fakten zum „Thema Nummer Eins" liefern könnte. Das breite Spektrum reicht von dubiosen Jugendzeitschriften (Aufklärungsreihe: „Fragen Sie Dr. Frankenstein" oder Sorgenbriefkästchen „Jeder hat seine Geschichte") über hanebüchene Ratgeber-Literatur („Was mache ich, wenn ich in der Schule unter der Bank eine Erektion bekomme, die die Schulbank in die Höhe drückt?") bis hin zu pubertären und auch oft frauenverachtenden Männerwitzen. Gierig verschlingt unser jugendlicher John Wayne („Wenn nichts mehr hilft, nimm den Revolver!") alles, was nur im entferntesten etwas zu seiner Selbstsicherheit beitragen könnte. Er blättert nachts mit hochrotem Kopf unter der Bettdecke in anrüchigen Illustrierten („schon wieder nichts Genaues gesehen") und schmuggelt sich in vielversprechende Filme – nicht um seine Phantasie anzuheizen, sondern um notwendiges, überlebensnotwendiges Wissen zu sammeln. Sein Informationsloch füllt sich allmählich mit den unglaublichsten Fakten, dem ganzen Schwachsinn einer auf Leistung und Perfektion getrimmten Scheinwelt: „Er ist einen halben Meter lang, hart wie Stahl und macht die ganze Nacht nicht schlapp." (5)

Noch vor den ersten wirklich sexuellen Aktivitäten mit einer Partnerin muß er in einem ständigen, inneren Kampf diese Traumwelt mit der Realität in Einklang bringen – Verlierer ist meist die nackte, illusionslose Wirklichkeit. Jeder Jugendliche verfügt oft über einen unglaublich großen Schatz an diffusen, verzerrten, aberwitzigen, abstrusen Vorstellungen darüber, wie Sexualität zu gestalten sei. Was da so abläuft, was da zu erleben ist („Mindestens ein Weltuntergang pro Orgasmus!"), wie das eigentlich ist. Aus diesem Quarkpudding detaillierter Fakten, schamhaft-versteckter Aufklärung durch irgendwelche Neurotiker, zotiger Witze, internalisierter Rollenbilder, konkreter Erlebnisse und Erfahrungen zwischen Vater und Mutter – die tauschen ja auch noch ständig versteckte sexuelle Botschaften untereinander aus – wird das sexuelle Modell des männlichen Jugendlichen zusammengepuzzelt. Ein Modell, an dem er sehr lange – oft sein ganzes Leben – zu beißen hat.

III. Wie erleben Jugendliche Sexualität

„Im folgenden berichtet Bill Cosby, was er an den Tagen, bevor sein erstes sexuelles Erlebnis stattfinden sollte, empfand. Er zeigt das Dilemma auf, in dem sich so viele von uns (von uns Männern! Anmerkung R. K.) befanden:

Mensch, Samstag naht! Die ganze Woche hab' ich an diese M-u-s-c-h-i gedacht und versucht, Leute zu fragen, was die denn so mit einer M-u-s-c-h-i machen. Braucht aber keiner zu wissen, daß ich nicht den blassesten Schimmer hab', was man mit einer M-u-s-c-h-i anstellt! Aber wie kann ich erfahren, wie man's macht, ohne daß die andern Wind kriegen, daß ich keine Ahnung hab', wie man's macht? Da bin ich zu diesem Knaben gegangen und frag': „Du, hast du's schon mal mit 'ner M-u-s-c-h-i gemacht?" Und der Knabe meint: „Klar!", und ich darauf: „Na, wie machst du's denn am liebsten?" Und er antwortet: „Wie ich's am liebsten mache? Nun, wie man's halt so macht." Und ich sag': „Hm, machst du's so, wie ich's mach'?" Und der Typ fragt: „Wie machst du's denn?" Und ich darauf: „Nun, ich hab' gehört, man kann's ziemlich verschieden machen." Er sagt: „Ja, das stimmt. Man kann's auf die verschiedensten Arten machen, aber ich glaub', na du weißt schon, am liebsten doch auf die gute, alte Art ..." Und ich sag: „Klar, die gute, alte Art ... die gute, alte Art, es mit einer M-u-s-c-h-i zu machen!"

Bill Cosby macht sich also am Samstag auf zu seinem Rendezvous, ohne die geringste Ahnung zu haben, was er jetzt eigentlich machen soll.

„In zehn Minuten bin ich bei ihr, und ich hab' immer noch nicht rausgekriegt, wie ich was machen soll. Wenn ich in ihrem Zimmer bin, wird's bestimmt superpeinlich, wenn ich meine Hose ausziehen muß. Denn dann bin ich sofort splitternackt ... splitternackt vor diesem Mädchen! Und wie geht's dann weiter? Legt man sich einfach … setzt man sich … wenn ich nur wüßte, was ich dann tun soll! Ich werd' bestimmt blöd dastehen, und sie wird sagen: „Du weißt ja nicht mal, wie du's machen sollst!" Und ich werd' sagen: „Doch, ich weiß es, aber ich hab's vergessen." Ich hab' nie daran gedacht, daß sie's mir zeigen könnte, ich bin schließlich ein Mann, und ich will nicht, daß sie's mir zeigt – keiner soll's mir zeigen, aber es wär' schon nicht schlecht, wenn mir jemand 'nen kleinen Tip zukommen ließ … Vielleicht sollte ich mich hier in diesem Kiosk mal nach ein paar Pornos umsehen. Ich meine, wenn mir schon keiner sagt, wie man's macht, vielleicht gibt's dann wenigstens ein paar Bilder von jemandem, der es fast macht. Aber nichts zu finden!

Cosby ist der Hysterie nahe, als er zum Haus des Mädchens kommt, und läßt es nicht zum Sex kommen. Auf dem Heimweg jedoch stolziert er einher wie der größte Casanova aller Zeiten. Vor seinem Freund (…) protzt er, wie „schööööön die M-u-s-c-h-i" gewesen wäre … (6)

So wie den jungen Bill Cosby habe ich mir einen chauvinistischen Patriarchen, einen brutalen männlichen Unterdrücker immer vorgestellt.

Zum wesentlich größeren Informationsdefizit männlicher Jugendlicher gegenüber gleichaltrigen Mädchen kommt noch der Zwang, um das begehrte Mädchen – sie könnte ja vielleicht noch weitere benötigte Informationen liefern – zu balzen, sich zu produzieren. Gerade bei Jugendlichen offenbart sich das ganze Ausmaß männlicher Unsicherheit, männlichen Ausgeliefertseins, wenn es darum geht, ein sexuelles Erlebnis erfolgreich und erfüllend zu gestalten.

„Hast du ihn schon rangelassen?" Dieser Satz – bei männlichen Jugendlichen und erwachsenen Männern fehlt normalerweise das entsprechende Gegenstück – verdeutlicht die Herrschaft des weiblichen Geschlechts, wenn es um Sexualität geht. Schon in reichlich jungen Jahren lernt frau, daß es für sie anscheinend von Vorteil ist, wenn sie denjenigen, den sie da vielleicht „ranlassen" will, noch ein wenig zappeln läßt. Den mutmaßlichen Partner in dieser Weise hängen zu lassen hat nichts mit aktiver, partnerschaftlicher Auseinandersetzung zu tun, sondern deckt eine zutiefst menschenverachtende, unsensible, brutale Machtausübung auf!

Der Junge lernt seine Lektion schnell: Produzier dich, bemüh dich, sei aktiv, laß dich von den Körben nicht unterkriegen, sie meinen ja sowieso oft das Gegenteil!
SPIELE DEINE ROLLE ALS MANN!
Die Schwierigkeit bei diesen Spielen besteht für den Jungen wie auch später für den Mann darin, möglichst schnell herauszufinden, welches Spiel, welche Rolle erfolgsträchtig sein wird. Möchte das Mädchen (die Frau) jemanden, der ein wenig väterlich-autoritär die Sache bestimmt, steht sie gerade auf pflegeleichte Softies, mag sie intellektuelles Gewäsch als Vorspeise und neue Sinnlichkeit als Hauptgang, will sie Innerlichkeit oder materielles Protzen, plumpe Anmache oder verschämtes Augenblinken? Je erfolgreicher der Junge und der Mann möglichst viele Rollen überzeugend darstellen kann – umso größer sind seine Chancen, zum Erfolg zu kommen.
Und das Mädchen lernt:
Laß ihn zappeln, sei abwartend und kokett – er kommt sowieso immer wieder; zeig nicht, was du wirklich willst; laß ihn spüren, daß er von dir abhängig ist.
SPIELE DEINE ROLLE ALS FRAU! Gebrauche Macht!
Und damit sind wir beim bitteren Kern des Themas.

IV. Wie erfahren Männer Sexualität

„Er nimmt sich sein Vergnügen und schuldet dafür eine Vergütung. Der Leib der Frau ist eine Sache, die gekauft wird. Er stellt für sie ein Kapital dar, das sie ausbeuten darf." (7)
„Die Versagung oder Rationierung des Geschlechtsverkehrs ist eine wichtige Waffe gegen den Mann." (8)
„Die Frau ist dazu gezwungen, das tägliche Brot oder Vorwärtskommen in der Bildung des Mannes zu suchen, da dieser die Macht in den Händen hält. Sie kann dies entweder durch eine Art von Friedenspolitik erreichen oder indem sie ihre Sexualität gegen seine Unterstützung eintauscht." (9)
Auch der Altvater der menschlichen Psyche und des Beziehungskampfes, Sigmund Freud, sei erwähnt. Er führte aus, daß immer derjenige in einer Beziehung Macht ausübe, der sexuell weniger vom anderen abhängig ist!

Ein Freund erzählte mir folgendes Erlebnis: Versonnen und ein wenig nachdenklich sitzt er in einer Diskothek bei einem Glas Bier. Er will nichts als der Musik zuhören und ein wenig mit sich und seinen Gedanken allein sein. Eine junge, gutaussehende Frau nimmt neben ihm Platz und mustert ihn von der Seite. Er reagiert nicht, trinkt weiter sein Bier und hört der Musik zu. Plötzlich richtet sie sich auf und sagt mit deutlichem Aufforderungscharakter: „Willst du eigentlich nicht mit mir reden?" Er schaut sie an, schüttelt den Kopf und meint: „Nein." Sie fällt wieder etwas in sich zusammen, schweigt einige Zeit, beobachtet den taktklopfenden Fuß ihres Gegenübers und rafft sich dann zu der Äußerung auf: „Willst du mit mir tanzen?" Wieder schüttelt er den Kopf und verneint. Sie ist sichtlich wütend, steht auf und herrscht ihn an: „Reden willst du nicht mit mir, tanzen willst du nicht mit mir – aber bumsen würdest du wohl gern mit mir?!" Nach glaubhafter Aussage schüttelt er auch daraufhin den Kopf und verneint. Sichtlich erschüttert und frustriert entfernt sich die junge Frau. *Schlaglichtartig* erhellt dieser kleine Dialog einige typische Verhaltensweisen und Einstellungen von Frauen im Umgang mit Männern:

Da ist zum einen die Selbstverständlichkeit, mit der erwartet wird, daß „man" sich gefälligst um „frau" zu kümmern hat – das uneingeschränkte Forderungsrecht des Säuglings! Dann wird hier der Ansatz deutlich, daß Männer – nach Meinung vieler Frauen – zumindest immer noch bei der Sexualität zu fassen sind. Dies wird als Macht- und Druckmittel eingesetzt: „Du willst nicht reden und nicht tanzen – aber bumsen! Das würde dir so gefallen! ,Tote Hose' für dich mein Freund!" Als dritter Punkt zeigt sich eine gehörige Portion Unvermögen, Situationen einfach hinzunehmen und den anderen so zu akzeptieren, wie er ist.

Nun bedeuten diese Feststellungen nicht zwingend, daß Männer nicht oft ähnliche Verhaltensweisen zeigen. Wie den meisten Frauen mangelt es auch Männern an Sensibilität anderen gegenüber. Es fällt auch Männern schwer, etwas einfach hinzunehmen. Das überhöhte Ich-Gefühl, daß verflixt nochmal die eigene Person Dreh- und Angelpunkt allen Weltgeschehens ist, haben Männer aber nicht allein gepachtet. Das Einsetzen von Sexualität als Druckmittel jedoch ist nicht nur eine typisch weibliche Einstellung, sondern auch eine innere Haltung. Diese wird natürlich bestärkt durch die – leider oftmals richtige – Annahme: Wenn Männer schon nicht über den Kopf zu fassen sind, dann zumindest über den Unterleib.

Der Ralf-Report (10) ergab, daß sich 78% aller zwanzigjährigen Männer mehr Sexualität wünschen. Bei der vergleichbaren Altersgruppe der Frauen ist dies nur bei 23% der Fall. Interessanterweise verändert sich dieser Prozentsatz mit zunehmendem Alter drastisch. 60% der sechzigjährigen Frauen, aber nur 38% der gleichaltrigen Männer melden mangelhafte sexuelle Erfüllung an. Das grenzenlose Vertrauen junger Frauen, die Männer zumindest über den Sex unter Kontrolle bringen zu können, ist also nicht aus der Luft gegriffen.

Die Tatsache, daß sich Frauen mit zunehmendem Alter sexuell aktiver zeigen und Männer mehr abschlaffen, wird oft mit einer hormonellen Veränderung begründet: Mit zunehmendem Alter produziert der weibliche Körper immer weniger Östrogen und dafür mehr Testosteron – jenes Hormon, das bei jungen Männern sowieso im Überfluß vorhanden ist und den Sexualtrieb fördert. Das mag durchaus ein sehr wichtiger Faktor sein – ich sehe jedoch auch noch völlig andere Gründe und Zusammenhänge, auf die im weiteren Verlauf dieses Textes noch eingegangen wird.

Für eine jüngere Frau wird der Mangel an Sexualität nicht zum Thema, weil sie ja immer – sobald sie will – Sexualität bekommen kann. Lebt sie nicht in einer festen Zweierbeziehung, zieht sie abends los auf den „freien Markt der Gefühle" und *läßt* sich anmachen. Bei der ganzen Sache hat sie eigentlich nichts weiter zu tun, als gelangweilt am Tresen zu hängen und ab und an mit dem Hintern zu wackeln. Selbst die Getränke, die sie während ihrer Wartezeit konsumiert, gehen dann meist auf die Rechnung des „Glücklichen", der *erwählt* wurde. Das vermeintlich gejagte, scheue Rehlein gibt es kaum. Unter der sanften Maske steckt eine Täterin, eine Meuchelmörderin, der nur an einem gelegen ist: Ihr Opfer darf nicht merken, wie es in die Fallgrube tappt. Besser noch, die Jagdbeute soll den Eindruck haben, selbst Jäger gewesen zu sein.

Nicht viel anders gestaltet sich Sexualität in einer „normalen Paarbeziehung". Die Entscheidung, ob es zu Sexualität, Zärtlichkeit und Nähe kommt, wird von der Frau getroffen. Der Mann ist zwar oft derjenige, der fordert. Er kann sich aber nie sicher sein, wie die Frau entscheiden wird. Weshalb sich die Partnerin einmal für, ein andermal gegen Sexualität entscheidet, ist für den Mann meist uneinsichtig. Das *Warum* bleibt für ihn im Dunkeln verborgen. Dumpf ist ihm jedoch bewußt, daß er diesen Entscheidungen ausgeliefert ist – und darauf versucht er entsprechend zu reagieren. Von völliger Hilflosigkeit („Mein Gott, die Frauen! – Ich versteh überhaupt nichts!") über seichte Anbiederung und „lieb Kind spielen" bis hin zu zerstörender und scheinbar sinnloser Aggression kann männliches Verhalten auf dieses Gefühl des Ausgeliefertseins zurückgeführt werden. Selbst eine Menge negativer Sexualphantasien (Vergewaltigung, Mißbrauch von Kindern, ...) und, auf den ersten Blick, irrationaler Ausbrüche aus Beziehungen lassen sich vor diesem Hintergrund leicht erklären. Die Porno-Industrie freut sich über diese Situation – lebt sie doch ursächlich von jenen „Normal-Frauen", die ihre Männer ständig unter sexuellem Druck halten.

„Von Geburt an ist der Mann von der Frau abhängig. Wurzel und Erklärung von allem ist die frühe soziale und emotionale Konditionierung. Als Embryo und Foetus ist er Plazenta-abhängig, bei der Geburt wird er Brust-abhängig und durch die frühe Kindheit hindurch bleibt er von seiner Mutter als der Ur-Bezugsperson abhängig. Sie ist es, die ihn hält, wiegt, säubert, kleidet, die macht, daß er sich wohlfühlt. Sie setzt ihm Grenzen, lehrt ihn, richtig von falsch zu unterscheiden, bestärkt ihn mit Lob, wehrt ihm mit Strafe." (11).

Die emotionale Macht der Frauen über die Männer ist nahezu grenzenlos. Verwunderlich ist dies nicht. Waren es doch auch fast ausschließlich Frauen, die Männer zu emotionalen Krüppeln verunstalteten (siehe dazu den Beitrag „Provokation zum Dialog" von Heinz Körner in diesem Buch).

Den Großteil seiner jungen und mittleren Jahre vergeudet der „normale Mann" unserer Gesellschaft damit, sich um Zärtlichkeit, Sinnlichkeit, Sexualität in einer Beziehung zu bemühen. Er ähnelt in seinem Verhalten einem kleinen Kind, das sich ungeheuer freut, wenn es wenigstens zwei Stückchen Schokolade abkriegt – obwohl es eigentlich ‚spitz' auf die ganze Tafel ist und nicht versteht, warum es nicht mehr von dieser leckeren Sache bekommt. Es ist mehr als ein schlechter Witz zu behaupten, der Mann sei auch sexuell der aktive Teil in einer Partnerschaft und die Frau sei wie üblich abwartend und passiv. Mir scheint, es ist eher so: Der Mann nimmt, was er kriegen kann, die Frau gibt – und zwar weniger nach Lust, viel mehr nach Laune! Die Quellen dieser „Laune" liegen nicht in der biologisch oder hormonell bedingten Natur der Weiblichkeit. Launen dieser Art bedeuten Entscheidung und folglich Macht. Damit kommen wir wieder zu der Frage, warum denn Frauen mit zunehmendem Alter plötzlich nach mehr Sexualität verlangen. Je älter ein Mann wird, um so größer ist die Wahrscheinlichkeit, daß er sich nach „außen" etabliert. Er steckt viel Zeit und Energie in seine Karriere, sofern er die Möglichkeit dazu hat. Widmet sich irgendwelchen, Frauen oft uneinsichtigen, Hobbys – hier kann er sich beweisen. Oder konzentriert sich auf „unglaublich bedeutungsvolle" Arbeiten in politischen Parteien, Kaninchenzüchtervereinen (hier rammelt wenigstens wer!), Skatclubs, Stammtischrunden oder sonstigen sinnentleerten Aktivitäten. Sexualität in der Beziehung interessiert ihn nur noch am Rande – er hat sich ja schließlich lange genug darum bemüht. Genau an diesem Punkt droht den Frauen dann langsam aber sicher die Macht aus den Händen zu gleiten. Das bisher allseitig wirksame Druckmittel "Wenn du lieb zu mir bist und auf mich hörst, bekommst du deine Ration Sex" wird wirkungslos und verpufft. Plötzlich entwickeln diese gefrusteten „mittelalterlichen Weibchen" ungeheuere Aktivitäten. Sie schreiben Leserbriefe an PRALINE, QUICK, BRIGITTE oder FREUNDIN – je nach Bildungsgrad und eigenem Anspruch – und beklagen sich bitter über diese Schlappschwänze von Männern. Plötzlich beginnen sie, Sinnlichkeit und Sex zu vermissen, und dabei vergessen sie, daß sie zuvor jahrelang ihre Partner auf sexueller Sparflamme abgekocht und warmgehalten haben. Solange er scharf auf sie war, konnte ja nichts passieren, war das Machtverhältnis klar. Solange der Mann in ständiger Unsicherheit gehalten werden konnte, wie er denn jeweils auf die Partnerin eingehen soll/kann/muß, war es eine der leichtesten Übungen der Frau, ihn zu steuern und zu beeinflußen. Nun beweinen sie eine fehlende Sinnlichkeit, der sie nie Raum zur freien Entfaltung gaben. Eine andere mögliche Auswirkung dieser Frustration zeigt sich in der Entwicklung vieler Frauen hin zu jener bekanntberüchtigten Karikatur der nur noch meckernden Keifzange – jenem Prototyp menschlichen Unbefriedigtseins. Vielleicht zum ersten Mal in ihrem Leben stellen diese Frauen fest, daß auch sie sexuelle Wesen sind. Plötzlich beginnen sie zu ahnen, was sexuelle Spannungen, die unbefriedigt bleiben, bewirken können. Seither war es meist recht leicht für sie, Spannungen dieser Art zu mindern. Zwischen ihrem Bedürfniswunsch und der Befriedigung lag im Normalfall nur eine kurze Zeitspanne. Ein unerfülltes Triebpotential konnte sich kaum aufbauen. Für den Mann hingegen ist es eine völlig „normale" – weil übliche – Erfahrung, immer wieder abgewiesen zu werden, sich „Körbe" einzufangen. Es wird von ihm erwartet, daß er lernt, damit umzugehen. Für die Frau im reiferen Alter stellt sich Sexualität plötzlich nicht mehr als recht einfach und einseitig zu manipulierende Sache dar. Die alten Schemata greifen nicht mehr. In der Vergangenheit war sie es gewohnt, ihre sexuellen Bedürfnisse meistens ohne große Bemühungen auszuleben. Wollte sie mit ihrem Partner ins Bett und dieser auch, gab es natürlich keine Probleme. Wollte nur er und sie nicht, gab es normalerweise auch keine Schwierigkeiten – der Mann konnte in diesem Fall nur hoffen, daß ein guter Film im Fernsehen laufen oder heute sowieso Skatabend sein würde. Wollte jedoch sie und der Mann (auch das gibt's!) einmal nicht, kostete es die Frau meist nicht einmal ein müdes Lächeln, um ihn zu überzeugen, daß er wieder einmal nicht weiß, was er überhaupt will.

Plötzlich beginnt frau zu behaupten, Liebe und Sex gehören zusammen – und das, obwohl sie ihrem Partner jahrelang eingeredet hat, daß sie ihn zwar liebe, aber eben kein so überwältigendes Bedürfnis nach Sex habe.

Und wieder steht der Mann allein und hilflos im Regen. War er seither derjenige, der immer wollte, wird ihm jetzt das Prädikat „Versager" unter die Schamhaare gestempelt. Jetzt ist er plötzlich der, der nicht mehr will, sich keinen Fuß mehr ausreißt. Der Kreislauf des schlechten Gewissens hat sich für ihn geschlossen.

V. Der nächste Schritt

Man (und natürlich auch frau) stelle sich vor: fast ein Drittel aller Männer empfinden Sexualität als Arbeit und Last.

„... Männer empfinden Sex mehr als Arbeit denn als Spaß, sie haben so viel zu tun: Sie müssen die Initiative ergreifen, ihre Partnerin erregen, alles arrangieren und dirigieren, dafür sorgen, daß ihre Partnerin befriedigt wird und schließlich zusehen, selbst Befriedigung zu finden. Sie tragen die Verantwortung und glauben Rechenschaft schuldig zu sein, wenn ihre Partnerin nicht zum Orgasmus kommt oder wenn das Erlebnis in irgendeiner Weise nicht zufriedenstellend ist. All der Rummel über die weibliche Sexualität, besonders über die ‚weiblichen Bedürfnisse' nach sexueller Erfüllung und multiplen Orgasmen, diente hauptsächlich dazu, das Pflichtgefühl der Männer zu verstärken und ihre Sorgen über die möglichen Folgen einer ungenügenden Leistung zu vergrößern." (12)

Wie die Frau immer wieder, vor allem immer noch, mit den drei konservativen *Ks* (Küche, Keller, Kinder) zu kämpfen hat, sieht sich der Mann den drei gnadenlosen *Ls* gegenüber: LEISTUNG – in der Liebe! LEISTUNG – in der Lust! LEISTUNG – im Beruf! Und diesem unerbittlichen Gegner stellt er sich immer wieder, obwohl schon von vornherein feststeht, daß er Verlierer sein wird. Ohne Rücksicht auf Verluste (vor allem Verluste bei sich selbst, im eigenen Gefühl) hampelt er durchs Bett und pflügt die Laken, um seiner Partnerin auch zu zeigen, was er für ein toller Hecht ist. Er strampelt sich ab, um ihre glänzenden Augen zu sehen – Spaß und Lust muß es ihm nicht machen – Hauptsache, sie stöhnt schön. Seine Bedürfnisse und Gefühle legt er zu Gunsten eines Sexual-Helden-Klischees unters Bett und vergißt dann meist, sie wieder hervorzuholen. Das Dilemma des „bewußten" Mannes unserer Gesellschaft ist: Er kann nicht zu seiner ihm eigenen männlichen Sexualität stehen. Über ihm im Bett hängt drohend das Damoklesschwert am seidenen Faden. Wenn er versagt, eine olympische Norm nicht erfüllt, sich nicht immer und immer wieder ausschließlich um die Partnerin kümmert, reißt der Faden, und das Urteil über den männlichen Versager wird vollstreckt. Die Männer sehen nicht, daß sie sich selbst in diese mißliche Lage manövrieren – sie sind es, die die Hochsprunglatte auflegen. Sie sind es auch, die diesen Sprung nicht schaffen können. Der Versuch, den Sexual-Athleten zu spielen, scheitert nicht an einer fehlenden Sinnlichkeit der Männer, sondern an den internalisierten Vorstellungen darüber, wie der Mann im Bett zu sein hat.

Schon sehr früh wird die Sinnenhaftigkeit des Mannes von seinem eigenen Körper weggelenkt (siehe dazu den Beitrag von Heinz Körner in diesem Buch). Es wäre zumindest einmal überlegenswert, ob sich diese ja immer noch vorhandene Sinnlichkeit nicht in jener kalten technologischen Ästhetik wiederfindet, die das Leben unserer Welt bedroht. Ein ausgefeiltes Stück Stahl, eine lotrechte Betonmauer, eine vierspurige Autobahn, ja selbst ein Kampfflugzeug sind sinnlich – nur eben auf eine perverse, *entkörperlichte* Art – eine andere, fehlgeleitete Form lebendiger und vor allem gelebter Sinnlichkeit. Nun schwärmen Frauen zwar schon von sinnlichen Männern, gleichzeitig fühlen sie sich dadurch auch oft überfordert – mag sein, weil dies bis jetzt noch nicht die Regel ist. Ich könnte mir jedoch auch vorstellen, daß viele Frauen zu narzißtisch sind, um sich mit männlicher Sinnlichkeit auseinandersetzen zu können. Vermutlich würden viele Frauen einen sinnlichen Mann als Einbruch in ihre „ureigenste Domäne" deuten.

Männer müssen wieder lernen, zu ihrer Sinnlichkeit zu stehen!

„Aus Gründen, die man psychologisch nur als Selbstverteidigung bezeichnen kann, hat der Mann es noch nicht geschafft, sich als einen Prostituierten zu betrachten, der sich Tag für Tag, innerhalb und außerhalb der Ehe, selbst verkauft." (13)

Wenn ein Mann eine Frau liebt, eine Frau begehrt, eine Frau will, ist er imstande, so ziemlich die unmöglichsten Sachen zu machen, die nur vorstellbar sind. Wenn eine Frau einen Mann liebt, einen Mann begehrt, einen Mann will, erwartet sie, daß dieser Mann gefälligst die unmöglichsten Sachen macht, die es auf dieser Welt gibt. Im gleichen Atemzug kann es dann sein, daß sich gerade diese Frau darüber beschwert, wie sie wieder zum passiven Objekt der männlichen Begierde gemacht worden ist. Erstaunlicherweise regt sich, auch bei Männern, die nicht auf den Kopf gefallen sind, dagegen kein Widerspruch. Männer lassen sich von Frauen interpretieren, vor allem immer dann, wenn es um den emotionalen Bereich geht. Sie lassen sich in ein Schema pressen. Sie betrachten sich plötzlich nur mehr durch die Brille ihrer Partnerin und versuchen möglichst, diesem Bild gerecht zu werden. Die Feministinnen haben zwar sicher ein anderes Märchenprinzenbild als eine typische Hausfrau, die auf dem Standesamt promoviert hat – aber das ist nur ein gradueller Unterschied. Festzustellen ist, die Frau wird alles daran setzen, ihren Partner nach ihrem Bild zu formen.

Männer müssen wieder lernen, für sich selbst zuständig zu sein, ihre eigene Form zu finden!

Das gängige Frauenbild präsentiert und prostituiert sich heute in der klassischen Dreiteilung: MUTTER, SCHWESTER, HURE. Glorifiziert werden in den Medien alle drei Erscheinungsbilder.

Da ist zunächst einmal das Mutterbild: umsorgend, behütend, verständnisvoll, arbeitswillig, keimfrei, leicht dümmlich, naiv, still, leidend ...

Dann die Schwester: intelligent, unantastbar, pfiffig, kritisch, kumpelhaft und kameradschaftlich – jemand, mit dem man die bekannten Pferde klauen kann.

Und die Hure: sinnlich, lasziv, geil, jederzeit zu allem bereit, sexy, kokett, spielerisch, spontan, lustig – kommt Lust denn nicht von lustig?

Die Schwierigkeit für den Mann ist: Er will in seiner Partnerin alle drei Formen von Weiblichkeit finden.

„Die Surrogatidee vom ausgefüllten Leben ist ein wesentliches Merkmal der männlichen Vorstellung vom Sich-Verlieben. Männer hoffen nicht, eine Tochter zu finden, wie Frauen auf einen neuen Vater hoffen, auch nicht eine Mutter. Sie hoffen auf eine Frau, die ‚die Antwort auf alles' ist, ..." (14)

In der Wiederholung ihrer ersten Beziehung zu einer Frau suchen sich die meisten Männer jedoch zunächst einmal „ihre Mutter". Bereitwillig greifen die Partnerinnen diese Rolle auf, denn das ist etwas, was sie bestens gelernt haben. Mit innerer Erfüllung wiederholen sie das Schema, das sie von ihrer Mutter übernommen haben. Ziemlich schnell – nach dem ersten Verliebtheitstaumel – stellen die Männer dann aber fest: Eine umsorgende „Mutti" ist zwar in mancher Hinsicht toll, aber es fehlen eben doch einige ganz wichtige Dimensionen – wer will schon gerne mit seiner Mutter ins Bett? Nicht viel anders geht es jenen Männern, die in einer Beziehung nicht die Mutter, sondern die Schwester, den intelligenten Partner, das konstruktiv-kritische Gegenstück suchen. Auch das ist auf Dauer ganz schön und gut – aber wer will schon immer stundenlange Diskussionen darüber führen, ob es nun ideologisch zu verkraften ist, wenn sie ihm den Kaffee kocht oder wer jetzt zu welcher Zeit und bei welcher Gelegenheit Sexualobjekt und wer Sexualsubjekt ist oder zu sein hat. Und auch diejenigen, die weder Mutter noch Schwester, sondern einzig und allein die Hure in einer Beziehung suchen, merken schnell, daß da noch eine ganze Menge mehr in einer Beziehung vorhanden sein muß, um sie abzurunden. Der Knackpunkt bei der ganzen Sache ist: Kaum ein Mann gesteht sich und seiner Partnerin zu, daß er in der Partnerschaft eine Gesamtheit sucht, nicht nur einen Teil.

Männer müssen wieder lernen, dazu zu stehen, und sie müssen lernen, ihre Bedürfnisse auch zu formulieren, ohne dabei ein schlechtes Gefühl zu haben!

Es wird Zeit für uns Männer, wieder zu einer Männlichkeit zu finden, die frei ist von Zwängen, die auch frei ist von Macht. Erst in jüngerer Zeit wird Männlichkeit mit Macht gleichgesetzt und das ist natürlich absoluter Blödsinn.

„ich kann beispielsweise nicht davon absehen, dass in den jahrtausenden von männer herrschaft penis und werkzeuge ... zu waffen geworden sind, und die haltung allem lebendigen gegenüber entsprechend quälend und tödlich ist. die erfahrungen, die die meisten frauen beim koitus gemacht haben sind grauen voll, von abtreibung und folter ganz zu schweigen" (15).

Wer so etwas sagt, will verdecken und verbergen, sucht keine konstruktive Auseinandersetzung über das Thema. Ich unterstelle sogar, daß in diesen Fällen viel häufiger ein anderer Machtgedanke im Hintergrund lauert. Wer in Penissen Waffen sieht und Koitus mit Folterung gleichsetzt, überträgt quälende Kindheitserfahrungen, die nicht stattgefundene innere Befreiung vom Vater und die Lücken im eigenen Bewußtsein auf das andere Geschlecht – ein bequemer Weg, sich mit sich selbst nicht auseinandersetzen zu müssen! Der jeweilige Partner ist dann immer nur „Projektionsleinwand" für das eigene Trauma, für die eigene Neurose.

Sich über Fehlverhalten und Macken anderer zu definieren bedeutet: Ich schöpfe meine Macht aus der Ohnmacht, aus den Fehlern derjenigen, mit denen ich zusammen bin.

Eine echte Auseinandersetzung wird vermieden, denn das könnte ja gefährlich für die eigene Macke sein: „Ich führe ein anderes leben und spreche eine andere sprache (als die Männer – Anmerkung R. K.), selbst wenn ich übersetzungsmöglichkeiten wüßte, hätte ich kein interesse, meine energien für übersetzungszwecke aufzuwenden." (16)

Die Identität des Partners wird zugedeckt, kann und darf sich nicht entfalten. „es gab glückliche stunden mit Samuel, seit er angefangen hatte, sich rückhaltlos zu mir zu bekennen ... aus einem schwierigen mann war ein umgänglicher mensch geworden." (17)

Männer müssen wieder zu ihrer eigenen Identität stehen – und das ist eine männliche Identität!

Sie müssen wieder lernen, diesen Unterschied, der gar nicht so klein ist, wie uns immer wieder gesagt wird, zu akzeptieren und auch zu leben!

„Als Wanderer im Niemandsland, enttäuscht von den alten Göttern, Moralvorstellungen, Ideologien, ermüdet vom Bürgerkrieg zwischen Geist und Körper, Mann und Frau, Nation und Nation, müssen wir zu Pilgern werden, müssen wir nach einer neuen Vision suchen und ein neues Bewußtsein entwerfen." (18)

Dazu ist es notwendig, innerlich frei zu werden von Klischees, Rollen und Erwartungen. Frei auch von einer ständigen Fixierung auf das, was Frauen Männern geben könnten – denn erst dann ist wirkliches, echtes Geben und Nehmen möglich.

Es geht darum, bei aller Unterschiedlichkeit, bei allen Gegensätzen, YIN und YANG zu vereinigen.

Adalbert Schmidt

Wer ist Opfer?
Wer ist Täter?

Es ist leichter,
zehn Bände über Philosophie zu schreiben,
als einen Grundsatz in die Tat umzusetzen.
(Tolstoi)

Männer gegen Frauen, Frauen gegen Männer; Frauen von Männern unterdrückt, Männer von Frauen unterdrückt; Männer von Frauen ausgebeutet, Frauen von Männern ausgebeutet; Frauen von Männern benachteiligt, Männer von Frauen benachteiligt; Frauen von Männern als Objekt benützt, Männer von Frauen als Objekt benützt; Frauen von Männern geschlagen, Männer von Frauen ... geht wohl nicht? Von wegen! Auch das gibt es. Nur eines gibt es nicht: Männer von Frauen sexuell vergewaltigt.

Diese Liste könnte ich noch lange weiterführen. All diese Gegensätze oder Gemeinsamkeiten, diese ganze Auseinandersetzung – das ist so neu nicht! Der häusliche Kleinkrieg der Geschlechter ist so alt wie die Häuslichkeit selbst.

Daß die Frau unterdrückt, benachteiligt ... ist – so wird argumentiert – läge an der Männergesellschaft, an der Rollenverteilung, am Patriarchat, an der körperlichen Überlegenheit der Männer. Daß die Männer unterdrückt, benachteiligt, ausgenützt ... sind – auch so wird argumentiert – läge an der Naivität und Gutmütigkeit der Männer, daran, daß es ihre Rolle sei, sich für Frau und Kind einzusetzen, zu arbeiten, sich notfalls zu opfern. Ja, der Mann sei sowieso zu nichts anderem zu gebrauchen, er könne sich nur auf diese Weise nützlich machen. Außerdem verfüge die Frau über so subtile Mittel, den Mann zu beherrschen, daß er sich ständig dagegen wehren müsse.

Was, zum Teufel, stimmt jetzt? Wo liegt die Wahrheit? Wer hat recht? Wer hat unrecht?

Und so wird diskutiert, argumentiert, gestritten – mal qualifiziert, mal unqualifiziert. Mühselig ist der Streit, weil keine der beiden Seiten völlig im Unrecht, aber auch keine wirklich im Recht zu sein scheint. Ich frage mich manchmal, ob hier wirklich jemand anderen auf den Zehen steht oder wieder mal nur die Dümmsten am lautesten schreien?

Fest steht, daß die Beziehungen zwischen den Geschlechtern gestört sind. Und dies nicht erst seit 50 oder 100 Jahren, sondern im

Keim schon seit Jahrtausenden. Dies ist leicht geschrieben. Doch es ist oft bedrückend schwer, erkanntes falsches Verhalten zu ändern und eingefahrene Ungerechtigkeiten abzubauen.

Herauszufinden, wie es im Laufe der Jahrhunderte zu dieser Ungerechtigkeit der Beziehungen gekommen ist, scheint mir mehr und mehr zu einer Sisyphusarbeit zu werden. Meine Realität wird durch dieses Wissen aber noch nicht verändert. Deshalb läßt sich auf *der* Ebene gut diskutieren, streiten und dabei verdecken, was persönlich hinter den theoretischen oder ideologischen Standpunkten steckt. Ich finde diesen Ideologiestreit auf der gesellschaftlichen Ebene unausstehlich, weil er allzuoft die persönliche Betroffenheit verdeckt.

Rechthaberei bringt meist nur den Haß auf die Frau oder auf den Mann zum Ausdruck. Haß, in einer Bewegung gebündelt, wirkt zerstörerisch. Eine solche Bewegung dient weder der einen noch der anderen Seite. Denn jede These sowie deren Analyse und Deutung läßt ebenso eine andere Deutung genauso logisch erscheinen, und jeder Theorie steht meist eine ebenso einleuchtende Gegentheorie gegenüber. Das Wissen darüber ist nützlich – wenn es auch in der Regel keine persönliche Lösung ist.

Anfänge der Männerherrschaft
oder
der Anfang vom Ende?

So ist für mich ein durchaus einleuchtender Erklärungsansatz, daß es mit dem Matriarchat (1) abwärts gegangen sein soll, als sich in den sogenannten primitiven Kulturen Güter- und Warenanhäufung durch differenzierten Acker- und Gartenbau und domestizierte Tierzucht entwickelte. Diese Überschüsse wurden allerdings bei den Häuptlingen gehortet, wodurch er dann wirtschaftliche Macht erlangte. An dieser Stelle ist die Frage berechtigt, wieso der Häuptling und nicht die Stammesmutter sich diese Güter unter den Nagel riß? Im Laufe der Geschichte wurden die Güter epochal auch mal bei der Stammesmutter angesammelt, letztlich setzte sich aber die wirtschaftliche Herrschaft des Mannes immer mehr durch.

Im eigentlichen Kern soll das Matriarchat dann seinen entscheidenden Schlag abbekommen haben, als der Mann herausfand, daß nicht irgendein Fruchtbarkeitsgott, sondern er selbst der Erzeuger der Kinder ist. Ich kann mir gut vorstellen, was diese Erkenntnis für eine Bewegung, für eine Revolution in der Geschichte der Menschen ausgelöst haben mag. Der Mann drehte vor lauter Freude über seinen neuen Stellenwert durch, wurde größenwahnsinnig und ist dies bis heute geblieben. Ich kann über mein eigenes Geschlecht nur sagen: Je dümmer das Männchen, desto mehr pocht es auf die biologischen Gegebenheiten. Dabei kam es in der Vergangenheit gewiß weit häufiger vor, als der Mann glauben wollte, daß er – trotz Moral, Kontrolle und Vaterrecht – die Kinder des Stallknechts, eines Viehhändlers oder Handwerksburschen großzog. Nicht ohne Schadenfreude über jene „Männchen" wurden solche Geschichten Gegenstand vieler Schwänke und Volksstücke.

Mit Sehnsucht phantasiere ich manchmal jene Zeit zurück, wo Sexualität (in matriarchalischen Kulturen weniger verboten) zum täglichen Spiel gehörte und vor allem eine Privathaftung des Mannes für die Folgen nicht bestand. Mit Sicherheit kommt hier ein Stück Paradiesverlust zum Ausdruck.

Doch anstatt dies zu merken, baute sich der Trottel von Mann im Laufe der Geschichte ein Besitz- und Eigentumssystem auf, in das er sich immer mehr verfilzte. Heute ist er unter der Komplexität dieser Vaterrechtsordnung zum mechanistisch-steifen Ordnungs- und Rechtsroboter geworden. Wenn ich diese Sonntagsväter neben ihren Familien asphaltierte Wege entlangstapfen sehe, dann mutet dies so komisch an, daß jener „spitzbäuchige, aktentaschentragende Affe" zur Parodie wird.

Und das alles ist wirklich geschehen. Die Frau hat in Tausenden von Jahren diese Entwicklung geduldet und mitgemacht. Ja, geduldet – nicht dulden müssen! Zu jeder materialistischen, technischen Neuerung in der Entwicklung der Menschen hat auch sie ihre Zustimmung gegeben – ohne sie wäre es nicht möglich gewesen, auch sie hat ihre materiellen Vorteile darin gesehen und erkannt.

Anfänge der Ehe
oder
Beginn der Prostitution?

Je mehr ich darum ringe, Antworten auf die komplexe Beziehungssituation zu finden, desto häufiger taucht für mich die Frage auf, wie es möglich war, daß in einer Frauenrechtsgesellschaft, in einer matrilinearen Ordnung wie den Trobriandern (2), einige Mädchen schon bei der Geburt für die Vielweiberei der Häuptlinge auserkoren wurden, während die anderen Geschlechtsgenossinnen in freier Liebe und Partnerwahl weiterleben konnten. Wohlgemerkt, diese strukturelle Sexualunterdrückung an der Frau geschah in einer frauendominanten Gesellschaft! Sie wurde nicht als Bürde erlebt, sondern als Auszeichnung. Jene Auserkorenen besaßen im Stamm mehr Ansehen, hatten eine bessere soziale Stellung und wirtschaftliche Sicherheit für sich und ihre Nachkommen. Und dies alles geschah bei Frauen, die noch an den Fruchtbarkeitsgott glaubten und nicht an ihre Männer.

Die Feministinnen mögen mich mit all meinen Gliedern leben lassen, wenn mir jetzt die Phantasie durchgeht: Das möge doch hoffentlich nicht daran gelegen haben, daß diese Frauen als Weib Nr. 5 oder 6 weit weniger vom lästigen Trieb des Mannes behelligt waren? Boshafterweise reizt mich dazu noch eine weitere spinnige Frage: War es für manches Weibchen vielleicht angenehmer, die Frau eines solchen Häuptlings zu sein, als sich Abend für Abend Kopf-, Rücken- oder sonstige Schmerzen zuzulegen, um wieder mal „drumrumzukommen"?

Die Sexualität und mit ihr die irdische Liebe wird schon seit Jahrtausenden dem Kartoffel-, Kamel- oder Kuhhandel untergeordnet. Selbst in einer frauendominanten Gesellschaft präparieren Mütter ihre Töchter wegen materieller und sozialer Sicherheit von klein auf für diese Prostitution. Diese prostituierende Seite, diese „Ursünde", haftet auch heute noch jeder Ehe an. Und so wird es auch bleiben, solange Erbrecht, Versorgungs- und Unterhaltspflicht privat und dadurch vaterrechtlich abgeleitet werden.

Die nichteheliche Prostitution in den Dirnenvierteln ist, so gesehen, nur der Auswuchs ehelicher Prostitution. Ein peinlicher sozialer

Unfall, ein Schlag ins Gesicht der Ehemoralistinnen und -moralisten, den es nur dort geben kann, wo ein entsprechendes öko-sexuelles Verkehrsrecht besteht. Wer kennt nicht jene ehelichen Zustände, wo die Frau um der Kinder willen, des Hauses, des Geschäfts oder schlichtweg des Geldes wegen, beim Mann bleibt und ständig ihre sexuellen Pflichten erfüllt. Die „eheliche Pflicht" ist ja nicht ein Begriff, hinter dem sich eine angenehme amouröse Handlung verbirgt, sondern ein bürgerlich-rechtlicher Begriff, mit dem sich Gewalt und Erniedrigung rechtfertigen lassen.

Aber auch jene Beispiele sind nicht unbekannt, wo schlechte Laune, Abweisung und sexuelle Verweigerung bei der Frau verschwanden, wenn ihr Mann endlich die Zustimmung zum Kauf eines Kleides oder Pelzmantels gab oder der nächste Urlaub gesichert erschien. Nötigung also auf beiden Seiten! Jedem, der in solch einem Beziehungsnotstand steckt, rate ich, seinem Partner noch vor dem Abendessen die genitalen Besitzstandsrechte aufzukündigen. Was immer auch in unserer Gesellschaft zwischen den Geschlechtern passiert, die direkte Wechselbeziehung von Ökonomie und Sexualität ist ständig erkennbar. Sie drückt sich auch dort aus, wo der betrogene oder scheinbar betrogene Mann Gewalt als Mittel zum „Güterausgleich" anwendet. Gewalt auf dieser Ebene kann nur dort vorkommen, wo sich auf der einen Seite wirtschaftliche, auf der anderen Seite „sexuelle Güter" anhäufen. So gesehen befindet sich die Frau in einer sexuellen Monopolstellung.

Meine geheimste und lustvollste Beziehung
oder
die Rache an der Frau

Psychische und körperliche Nötigung (sprich: Vergewaltigung!) hat mehrere Ursachen – doch gehören sie zusammen wie das Ei und die Henne. Aus dem gesellschaftlich-analytischen, aber besonders aus dem psychoanalytischen Untergrund steigt Peinliches hervor, wenn wir nur bereit sind, hier genauer hinzusehen.

Im Nein der Frau, in der sexuellen Verweigerung und in der Orgasmusunfähigkeit verhüllen sich häufig mehr Haß und Sadismus gegen den Mann, als manche Frau weiß oder sich eingestehen möchte. Bei einem „Biest von Weibchen", nämlich einer 17jährigen Nachbarin, verbarg sich dieser Sadismus auf ideale Weise: In knappen Jeans, deren Gürtel gerade noch die Schamhaare verdeckte und in einem T-Shirt, das kaum über den Nabel reichte, kam sie in meine Wohnung, setzte sich provozierend vor mich hin und sparte nicht mit eindeutig frechen Bemerkungen. Wollte ich „zugreifen", so hatte sie eine ganze Palette von Verweigerungs- und Entziehungstricks auf Lager – bis hin zur moralischen Rüge für mein niederes Ansinnen. So bot sie sich mir als „Süßigkeit" an und zog diese doch immer wieder weg, sobald ich – tollpatschig genug – danach griff. Fühlte sie sich in die Enge getrieben, folgte prompt moralische Entrüstung als letzte sadistische Notbremse. Zum Glück hat jenes „Teufelsweibchen" etwas bei mir in Gang gesetzt, was für mich dann doch sehr heilsam wurde:

In einer therapeutischen Sitzung berichtete ich meiner Therapeutin, daß ich vor wenigen Wochen in einem Zeitungsbericht von der Vergewaltigung einer 14jährigen gelesen, mich dabei sehr erregt und anschließend onaniert hatte. Ich fügte noch hinzu, als Phantasievorlage hätte mir eine wohlbekannte 17jährige aus der Nachbarschaft gedient. Die Therapeutin ermutigte mich, diesen Impuls jetzt nochmal zuzulassen und auf der Matratze ihres Therapieraums zu demonstrieren. Ich hatte damit keine Schwierigkeiten und konnte die Emotionen spontan zulassen. In einem Rausch von sexueller Erregung, Zerstörung, Vernichtung, Erniedrigung und Haß vergewaltigte ich in meiner Phantasie jene 17jährige aus der Nachbarschaft. Als ich erschöpft aufhörte, provozierte mich die Therapeutin: Ob ich das Mädchen auch umbringen wolle? Der Satz war kaum zu Ende gesprochen, als in mir auch schon ein lustvoller Zerstörungsdrang aufstieg, mich völlig überspülte. Wie von Sinnen begann ich in meiner Phantasie das Mädchen zu würgen, riß ihr den Bauch auf und wälzte mich in ihrem Blut. Der Drang versiegte erst allmählich, als nach und nach vor meinem inneren Auge plötzlich das Bild meiner Tante auftauchte und mir klar wurde, daß ich diese umgebracht hatte, ja, daß auch die Vergewaltigung im Grunde meiner Tante gegolten hatte.

In den folgenden Tagen liefen noch ähnliche Sitzungen ab. Tagelang lief ich wie in Trance herum. Immer wieder tauchten Bilder und

Situationen auf vor allem aus meiner Kindheit. Es waren eindrucksvolle Erlebnisse, die sich aneinanderreihten: Meine Mutter, die mich mit Holzpantoffeln verprügelte, mich aber auch ekelerregend gierig abknutschte. Oder besagte Tante, wie sie sich, vom Stall kommend, zu mir setzte und dabei so geil roch, daß mir das heute noch angenehm in der Nase steckt, mich aber sonntags, nach dem Kirchgang, vor der halben Verwandtschaft so schlug, daß ich im Ernst glaubte, sie bringt mich um. Das hatte erst ein Ende, als mein Onkel sie entsetzt von mir wegzog. Bei Beerdigungen, Hochzeiten oder anderen Festen durfte oder mußte ich mit ihr in ihrem kleinen Bett schlafen, und dies in einem Alter, in dem ich durchaus schon wußte, was man mit einer Frau anfangen kann.

So zogen Erlebnisse über Erlebnisse vor meinem geistigen Auge vorüber: Auf der einen Seite behütet, beschützt, erregt und angemacht – auf der anderen Seite gedemütigt, erniedrigt und geschlagen. Aber jetzt, das spürte ich in diesen Tagen ganz deutlich, jetzt war *ich* dran: Dieses Mal drehte ich den „Spieß" um. Jetzt war ich der Täter und nicht das Opfer!

Was nützt es mir heute, wenn ich als Trost erfahren darf, dies alles liege daran, daß die Frau in unserer Gesellschaft unterdrückt sei, daß meine Tanten – nach dem Krieg, 30 Jahre und älter – keinen Mann abbekommen haben und daß das Los dieser Frauen nach dem Krieg, vor allem auf dem Land, wirtschaftlich und auch sonst recht aussichtslos war? Nichts! Die Prägung ist vorhanden. Die Folgen werden durch dieses Wissen nicht weniger schlimm. Das Resultat bleibt. Durch die Erziehung dieser Frauen wurde ich geprägt – durch sie fühle ich mich gebrandmarkt!

Mein Charakter
oder
meine Opferbereitschaft?

Während ich meine unbewußten sadistischen Neigungen jahrelang peinlichst verhüllte, wurde ich zum steifen, angepaßten und vor allem unauffälligen Mann: nachgiebig, fleißig, strebsam, rechtschaffen, und was man sonst noch so unter einem normalen Mann versteht. Ich wurde zum idealen Familienvater und letztlich wieder zum Opfer für die Sache einer Frau. „Brav sein" und „angepaßt bleiben" dienten dazu, meine sadistischen Neigungen zu verbergen. Dies zeigte sich vor allem daran, daß ich besonders zu Frauen lieb und brav war. Einerseits war ich zum Beispiel um deren Orgasmus sehr bemüht, andererseits merkte ich jahrelang nicht, daß sich hinter meiner Neigung, zu früh zum Orgasmus zu kommen, mein Haß auf die Frau verbarg. So waren Angepaßtheit und Masochismus letztlich nichts anderes als die Kehrseite meines Sadismus'.

Doch die Brandmarkung hinterließ noch andere Spuren, ein anderes Grundgefühl. So hatte ich häufig einen seltsamen Traum: Ich träumte, daß ich mit einer Frau im Bett bin und plötzlich, zu meiner Erleichterung, hat auch sie einen Schwanz. Als ich diesen Traum meiner Therapeutin erzählte, lieferte ich ihr gleich – vielleicht um Schlimmeres zu vermeiden – eine Deutung mit: dies sei wohl ein Fingerzeig auf homosexuelle Tendenzen bei mir. Sie meinte, der Traum hänge wohl eher damit zusammen, daß ich mich für dieses Ding da von den Frauen bestraft fühle – damit sie mir aber nichts mehr tun können, dichte ich ihnen zu meiner Entlastung auch einen Schwanz an.

Für diesen Beitrag würde es zu weit führen, wollte ich noch weitere Aspekte meines Traumas beleuchten. Einige wesentliche Gedanken zum Thema Vergewaltigung habe ich aufgezeigt. Vergewaltigung ist also nicht nur die gewaltsame Besitznahme der weiblichen Sexualität – sie ist auch Rache an der Mutter! Sie ist die asozialste Form der Geschlechterbeziehung, eine Bankrotterklärung, ein Schlag ins Gesicht der Pädagogik und Moral dieser Gesellschaft. Aber letztlich waren es nicht die erwähnten einprägsamen pädagogischen „Höhepunkte", die den Ausschlag für meine Charakterentwicklung gaben, sondern die ständige alltägliche Berieselung zu Hause, in der Schule und in der Kirche – eine Pädagogik, die bereits ihr Werk vollbracht hatte, bevor ich auch nur „Ich" sagen konnte. Ich nenne sie hier „Schwarze Pädagogik" (3): Sie arbeitet mit Angst, Erniedrigung, moralischer Entrüstung, Nötigung und Gewalt, mit Schuldgefühlen und Schlägen – es gibt kaum eine menschliche Gemeinheit, die nicht pädagogisch gerechtfertigt und somit gesellschaftlich „geschützt" werden kann.

Mir ist diese Pädagogik eindrucksvoll und hautnah durch Frauen widerfahren. Frauen waren es, die mein Verhältnis zu Frauen nachhaltig geprägt und die Beziehung zu ihnen erschwert haben. Ob das nun die Rache einer Frau am Männlichen, eine Reaktion auf das Patriarchat oder auf die Unterdrückung der Frau durch den Mann war? Mir ist schon die Fragestellung zu unpersönlich, zu theoretisch. Eine Antwort auf diese Frage würde mich nicht verändern. Es waren Menschen, die mich erzogen haben, und deshalb bleibt das Problem für mich personenbezogen. Die gesellschaftliche Dimension der Pädagogik oder Politik, der ich zum Opfer fiel, ist und bleibt für mich zweitrangig! Die persönliche Haftung ist für mich entscheidend, nicht die gesellschaftliche!

Es wäre ein hoffnungsloses Unterfangen, wollte man das Problem der Vergewaltigung in erster Linie gesellschaftlich oder politisch angehen. Das Problem persönlich anzugehen – für Mann und Frau – hieße aber, den peinlichen, schmerzhaften und entsetzlichen Teil dieser Problematik nicht zu vermeiden. Überhaupt wird vieles, was im Grunde persönlich ist und jeder erst einmal für sich allein ausmachen sollte, auf den sogenannten politisch-gesellschaftlichen „Müll" gewälzt. Es wird sich aber gesellschaftlich erst dann etwas ändern, wenn sich Einzelne ändern.

Die Auseinandersetzung der Geschlechter findet auf dem „Dorfplatz" deshalb nicht statt, weil es da nicht mehr gesellschaftlich anonym, sondern persönlich zugeht. Aber gerade das wäre der heilsamere, ehrlichere Weg. Es wäre eine „grandiose" Selbstdarstellung der Geschlechterbeziehung, auf die weder Mann noch Frau stolz sein könnten. Es wäre die Befreiung aus den Unglückssiedlungen, den goldenen Käfigen einer Wohlstandsgesellschaft, in der Kinder fabrikmäßig und staatlich subventioniert zu psychischen Krüppeln gezüchtet werden.

Ja – die dreckige Wäsche gehört auf die Straße! Weg mit dem privaten Unglück! Keinem geht es wirklich gut damit.

Die Macht der Frau
oder
der Kampf des Mannes?

Der Kampf der Geschlechter ist eine Tatsache. Er ist nur nicht offensichtlich genug, weil er zu privat abläuft. Wo gekämpft wird, gibt es Unterlegene. Wer „unten liegt" und die Unterlegenheit nicht akzeptiert, wird sich wehren. Wer sich zu Unrecht aufs Kreuz gelegt fühlt, wird seine Rolle verweigern, auf Rache sinnen. Die Rache der Frau muß nicht so augenscheinlich sein wie die Gewalt des Mannes. Doch vielleicht liegt dieser Eindruck auch nur an meiner ganz persönlichen Erfahrung.

Ich wuchs in drei verschiedenen Familien auf. In meinem Elternhaus dominierte meine Mutter z. B. mit ständiger Nörgelei und Unzufriedenheit. Bei meinen unverheirateten Onkeln und Tanten im Dorf dominierten meine Tanten durch freche, flinke und aggressive Mäuler. Mein Onkel quälte sich ein halbes Leben lang mit Magengeschwüren herum. Überhaupt hatten die Frauen im Dorf viel zu sagen. Nicht im Rathaus und nicht im Wirtshaus, das hatten sie auch nicht nötig. Außerdem verließen die Männer das Wirtshaus in der Regel, wenn die Frauen es wollten, oder sie mußten auf einen schweren nächsten Tag gefaßt sein.

In der anderen Onkel-Tante-Familie war die Frau redegewandter und etwas intelligenter als er. Half dies nicht mehr, so drohte sie mit Trennung, was in der kleinen katholischen Gemeinde eine Schmach für einen Geschäftsmann gewesen wäre. Sie verstand es auch, ihm beiläufig beim Essen zu sagen, er solle nicht so viele Eier essen, weil er sonst nachts keine „Ruhe" gebe. Über die Wirkung dieser Äußerung konnte sie sich sicher sein, da er in der Öffentlichkeit eine 150prozentige katholische Meinung vertrat. Er hatte wirklich nichts zu melden – und wirtschaftlich ging es ihr gut.

Die „Macht" der weiblichen Genitalien läßt sich kaum deutlicher darstellen. Sie kommt im täglichen Leben ebenso wie in der Werbung, im allgemeinen Geschäftsablauf und in der Ehe zum Tragen. Selbst in der kaputtesten und asozialsten Form der Beziehung läßt sich diese subtile und dennoch deutliche „Frauschaft" nicht leugnen. Die Frau scheint auf die Sexualität leichter verzichten zu können als der Mann. Mit dieser Dominanz der Frau kommt der Mann offensichtlich schlecht zurecht. Er kann es schwer ertragen. Er macht es sich nur in seltenen Fällen bewußt.

Die Angst
oder
die Gewalt des Mannes

Ich komme immer mehr zu der Überzeugung, daß die häusliche Dominanz der Frau die kläglichen Reste einer umfassenden, ursprünglichen Frau (Herr-)schaft darstellt. In Dörfern alter Prägung ist sie sowieso stärker als in städtisch-industriellen Gebieten. Im Dorf wirkt der Einfluß der Frau sogar ins öffentliche Leben weit deutlicher hinein als dies in den industrialisierten Kulturen der Fall ist. Historisch endet unser allgemeines Geschichtsbewußtsein im wesentlichen in der Antike. Über Kulturen, die im indo-germanischen Bereich lebten (und dies oft gut und glücklich), wissen wir wenig – es wird kaum gelehrt. Der Grund liegt wohl darin, daß die letzten matriarchalischen Kulturen zum Teil noch in die Antike hineinreichten, aber für eine vaterrechtliche Kultur, wie sie sich gerade bei den Griechen und Römern immer mehr durchsetzte, nicht von Interesse waren. Ja, noch schlimmer: Es durfte kein Interesse mehr aufkommen, hatte der Mann den scheinbaren Sieg über die Frau doch gerade erst errungen. So genügt schon der Ausdruck „primitiv" für solche Kulturen, um sie endgültig der männlichen Geschichtsverdrängung preiszugeben. Für den heutigen Geschichtsunterricht wäre der Kampf der Männer gegen die Frauen wichtiger und interessanter als die wahnsinnigen Kreuzzüge Napoleons oder Hitlers, die Millionen Männer über „Mutter Erde" trampeln ließen, als müßten sie ihr endgültig den Garaus machen – als müßten sie jetzt etwas durchlöchern, was ihnen im Alltag allzuoft verwehrt blieb. An diesem Punkt fällt mir auf, daß der Kampf des Mannes gegen die Frau in der Ausbeutung und Vernichtung der Erde (als Symbol des Weiblichen) einen traurigen Höhepunkt findet. Und wie könnte es anders sein: Der mächtigste Mann der westlichen Welt liefert dazu ein eindrucksvolles, trauriges Beispiel eines angstbesetzten

„Gewaltmännchens". So verkündete Ronald Reagan vor kurzem öffentlich, er würde seine 32jährige Tochter am liebsten übers Knie legen – wegen ihres allzu freizügigen Lebensstils (4). Wenn ich mir das bildlich und dann noch symbolisch vorstelle, drängt sich die Frage auf: Ob das nicht ein gewaltsamer Fellatio-Akt sein könnte? In unserer Gesellschaft, wo Dummheit solche Triumphe feiern darf, gilt Gewalt allemal als Zärtlichkeitsersatz. So findet jene männliche Entwicklung auch in einem Mann wie Ronald Reagan ihren traurigen und gefährlichen Höhepunkt. Er läßt Raketen aufstellen, während Nancy Reagan, eine Frau, ihm dabei die „Stange hält".

Nur ein Funke tiefenpsychologischer Selbst-„Einsicht" und der weitaus größte Teil unserer Politiker würde sich beschämt in den Urwald verkriechen – dorthin, wo sie bewußtseinsmäßig auch hingehören. Wer sich über meine Sätze noch entrüstet, soll sich am besten gleich den Politikern anschließen.

Trotzdem stelle ich nicht ohne Enttäuschung fest, daß gerade Frauen, mehr als Männer, Parteien wählen, die eine herkömmliche, konservative und frauenfeindliche Politik vertreten.

Aber es gab und gibt mit Sicherheit noch Frauen, die beim Treiben der Männer nicht mitspielen. So steht Xanthippe für mich symbolisch dafür, daß sie eine der letzten selbstbewußten Frauen der Antike war, die sich über die Dummheit, Nutzlosigkeit und Impotenz ihrer philosophierenden Männer aufregte. In den geschwollenen „phallischen" Philosophiesprüchen haben diese wahrscheinlich mehr Verzückung und Erregung verspürt als im Bett einer Frau. Überhaupt wird sich Xanthippe über die zunehmende verdeckte und offene „Schwulität" (5) einer typischen Männergesellschaft mit Recht geärgert haben. Doch bei Stammtischen, in Sportvereinen, in Hochschulclubs – den verdeckten und unausgesprochenen „Schwulenzirkeln" unserer Männergesellschaft – war Xanthippe schon immer ein willkommenes Gespött. Hier kommt kollektiv die Angst und Verachtung des Mannes vor der Frau ungebrochen zum Ausdruck.

Es besteht offensichtlich eine archetypische, eine ursprüngliche Angst des Mannes vor der Frau. Sie kommt besonders in der sexuellen Beziehung zum Ausdruck und in unzähligen Männerwitzen und Zoten. Männer, die diese Angst bei sich nicht erkennen, werden die Frau unbewußt ständig runtermachen, bekämpfen müssen – darauf achten, daß sie auch immer schön „unten liegt". Gewalt ist somit die letzte verzweifelte Tat des Mannes gegenüber der Stärke der Frau!

Die „kulturellen Höhepunkte" der sogenannten Männergesellschaft, die vor allem in Kriegen, technischen Errungenschaften und wirtschaftlicher Macht zum Ausdruck kommen, sind, so gesehen, nur kollektive Kompensationen einer schwulen, impotenten Männergesellschaft.

Und so bringe ich nickend jener These (6) Sympathie entgegen, die besagt, daß es in Wirklichkeit kein Patriarchat gibt, sondern historisch gesehen nur den verzweifelten Versuch (sprich: Kampf) des Mannes, sich gegen die Dominanz der Frau zu wehren.

Erich Rauschenbach

Berührungsängste

DU FASST MICH ÜBERHAUPT
NICHT MEHR AN !!!

WAHRSCHEINLICH EKELST
DU DICH VOR MIR !

ABER LIEBLING...

FASS MICH NICHT AN !!!

Roland Kübler

Blickwinkel

Ein Briefwechsel

Man ist mit sich allein.
Mit den anderen zusammen
sind es die meisten auch ohne sich.
Aus beidem muß man heraus.
(Ernst Bloch)

Donnerstag, den 12. Juli

Mir reicht's!!!
Du hast mir gestern abend nicht geglaubt und nur blöd gegrinst!
Ich hab's wahr gemacht!
Nun sieh' doch zu, wie Du zurecht kommst!
Ich bin mit Sarah zu Karin gezogen. Ich hab's satt!
Du brauchst Dich nicht zwischen Deinem Liebchen und mir zu ent-
scheiden! Ich bin alt genug, mich selbst zu entscheiden. Und ich
habe mich entschieden:
Gegen Deine Lügen!
Gegen Deinen sexuellen Freistil!
Gegen Dein Getue, das sei ja alles gar nicht so schlimm!
Gegen Deine überhebliche Art, mit mir umzugehen!
Ich hab dieses ganze sinnlose Geschwätz satt!
Ich hab den Rand voll von diesen endlosen Diskussionen!
Ich will nur noch meine Ruhe!
Ich habe mich gegen Dich entschieden – aber für mich!

Sigrid

Donnerstag, den 12. Juli

Du hast sie wohl nicht mehr alle auf der Latte! Was soll das,
Sigrid? Glaubst Du vielleicht, solche pubertären Handlungen würden
irgendwas ändern? Oder war das wieder mal so eine schwachsin-
nige Idee Deiner Latzhosenemanze Karin? Was glaubst Du eigentlich, wer Du bist? Du schnappst Dir einfach unsere kleine Sarah und
haust ab! Aber da habe ich ja wohl auch noch ein Wörtchen mitzu-

reden! Bei Dir tick's ja wohl nicht mehr richtig! Du glaubst doch nicht, daß Du mir so einfach davonkommst? Und dann auch noch mit dem Kind!!! Klammheimlich die Koffer gepackt und ein kleines nettes Briefchen hinterlassen. Das also ist die bewußte Frau? Du bist wohl mal wieder mit dem Kopf gegen die Wand gerannt? Oder hast Du zu viele abgedroschene Filme gesehen? Was hast Du eigentlich immer gefaselt von großer Liebe (ja, ja, ich ZITIERE!) und davon, daß Du Angst hast, ich würde Dich verlassen? Alles vergessen, was? Das sagt sich so leicht zwischen Knäckebrot und koffeinfreiem Kaffee. Alles nicht mehr wahr, wie? Ein schlechter Witz auf meine Kosten! LIEBE? Weißt Du eigentlich was das ist? Das gibt's näm- lich auch außerhalb der Glotze!! Jawohl, das passiert nicht nur im Fernsehen! Aber, daß Du das kapierst, kann ich wahrscheinlich nicht verlangen! Und jetzt willst Du mir wohl auf die ganz kalte Art eine reinwürgen, was? Sieht ganz so aus! Aber da bist Du schief ge- wickelt. Ich schaff's auch ohne Dich!

Du, gerade Du, redest von sinnlosen Diskussionen. Du bist ja nicht ganz dicht! Wer wollte denn diese ganzen Diskussionen, diese zerredeten Nächte? Du warst das! Nicht ich! Du wolltest doch dauernd mit mir über die Sache mit Anke reden. Für mich war das doch schon längst vergessen!

Jetzt brauchst Du wohl Beweise dafür, daß Du mir wichtig bist. Soll ich Dir hinterherrennen? Auf den Knien zu Deinen Pseudo- emanzen rutschen und unterwürfig um Deine Hand anhalten? Ich krieg 'nen Lachanfall! Ich bekomme schon Kopfweh, wenn ich mir vorstelle, auf diesem Niveau zu denken, auf dem ihr da immer rum- quatscht!

Und dann auch noch das Kind mitnehmen! Klar, das kann sich ja nicht wehren! Das würdest Du Dir wohl gerne zurechtbiegen, wie's Dir in den Kram paßt? Nicht mit mir, Mädchen! Nicht mit mir! Du kannst Deinen hirnrissigen Schwachsinn austoben, wo Du willst! Aber nicht auf Kosten meines Kindes! Und auch nicht auf meine Ko- sten! Ich habe (im Gegensatz zu Dir!) nie bestritten, daß ich Fehler gemacht habe. Das, was ich gebracht habe, war sicher manchmal nicht in Ordnung. Aber was Du jetzt bringst, das ist ja nur noch arschig! Du willst mich für etwas bestrafen, was ich schon längst einsehe!

Du weißt, daß Du mir wichtig bist. Soll ich Dir seitenlange Liebesbriefe schreiben? Dich mit Rosen überschütten? Wie hättest Du's denn gern?

Sigrid komm zurück!

Ich fühl' mich beschissen!

Was soll denn das?

Ich vermisse Dich und Sarah!

Du weißt doch, wieviel Du mir bedeutest!

Soll denn alles vergessen sein?

Ich liebe Dich!

David

(Dieser Brief wurde dann doch nicht abgeschickt.)

Liebe Sigrid,   Freitag, den 13. Juli

gestern, als ich nach Hause kam, fand ich Deinen Brief auf dem Tisch. Du bist jetzt also zu Karin gezogen. Fein, fein. Du willst Dich also von mir trennen. Einmal richtig darüber reden, das ist ja wohl überflüssig. Du willst eben Deine Ruhe. Das ist ja toll! Deine Ruhe – vor allem vor mir, wenn ich das richtig verstehe. Ich finde, Du machst es Dir ganz schön einfach! Du schnappst Dir unser (die Betonung liegt wirklich auf UNSER!!) Kind und machst Dich davon! Wie es mir dabei geht, das ist Dir ja völlig schnuppe. Du hast Dir Deine Meinung gebildet oder sonstwie zugelegt und rennst einfach weg. Das ist wohl Deine vielgepriesene Spontaneität? Da pfeif' ich doch drauf!

Ich brauche mich also nicht zwischen Anke und Dir entscheiden. Wie rücksichtsvoll! DU WEISST GENAU, DASS ICH MICH SCHON LANGE ENTSCHIEDEN HABE!!

Habe ich nicht zugegeben, daß ich Fehler gemacht habe? Es war nicht richtig von mir, Ausflüchte zu suchen. Ich weiß doch, daß ich Dich belogen habe – glaubst Du vielleicht, daß ich mir gut dabei vorkomme? Wir haben das alles unheimlich oft besprochen. Und ich weiß, daß es blöd von mir war, daß ich mich dumm und feige verhalten habe. Was willst Du eigentlich mehr?

Für Dich scheint ja die ganze Sache jetzt erledigt! Ich habe mich falsch verhalten – und Du gehst. Wie üblich stellst Du die Frage, WARUM ich mich denn so verhalten habe, überhaupt nicht. Das könnte ja wohl bei Dir auch einiges ankratzen!

Weißt Du noch, wie oft wir über unsere Sexualität und den ganzen Klimbim, der damit zusammenhängt, gesprochen haben? Das heißt: Nicht WIR haben darüber gesprochen. Ich habe mir das Maul fußlig geredet. Du hast ja meist weggehört oder versucht, schnell das Thema zu wechseln. Weißt Du noch, wie das dann so üblich war? Ich wollte mit Dir schlafen – und Du hast gesagt: „Ich liebe dich doch!" – genau das war Deine Standard-Antwort. Das hat mich zur Weißglut getrieben. „Ich liebe dich doch!" Weißt Du eigentlich, was Du damit gesagt hast? Ich wollte mit Dir schlafen und Du hast diesen Satz gemurmelt, Dich dann zur Seite gedreht und bist eingeschlafen. „Ich liebe dich doch!" – das war für mich nur noch hohles Geschwätz, blanker Zynismus, leere Phrase! Du weißt überhaupt nicht, wie oft ich nachts neben Dir wachlag, während Du ruhig und zufrieden geschlafen hast.

Ja, ich wollte oft mit Dir schlafen! Selbst daraus hast Du mir noch einen Vorwurf gemacht. Warum eigentlich? Hast Du Dich bedroht gefühlt? Was war Dir denn daran so suspekt? Vielleicht kannst Du mir mal erklären, weshalb Du dann jetzt zu Karin gezogen bist, nachdem ich mit einer anderen was hatte? Also mir ist da einiges unklar.

Auch auf die Gefahr hin, daß das jetzt reichlich blöde ist (und ganz schön nach Buchhalterei riecht), will ich Dir sagen, was ich ein Jahr lang in meinem Tagebuch über unsere sexuelle Beziehung notiert habe:

Zusammengerechnet ergibt sich folgendes:

Ich wollte im letzten Jahr 280 (ja, wirklich zweihundertachtzig!) mal mit Dir schlafen. 280mal hatte ich Lust auf Deine Haut, Deinen Körper, auf Dich. Wollte Dich berühren und von Dir berührt werden.

Zweiundvierzigmal erklärtest Du mir, Du seist jetzt zu müde.

Siebenundreißigmal plagte Dich Migräne oder Du hattest Deine Periode.

Einundreißigmal hast Du mir vorgeworfen, ich wolle immer nur das EINE. Warum denn das so wichtig sei?

Vierundzwanzigmal hast Du mir unter Gähnen klargemacht, daß Du morgen früh wirklich sehr, sehr früh aufstehen mußt.

Achtzehnmal hast Du mir ganz deutlich gesagt, daß Du heute keine Lust dazu hast – das konnte ich immer gut verstehen. Da blieb nie ein schlechtes Gefühl zurück.

Fünfzehnmal hast Du mich, als ich Dich umarmen wollte, angeschrien: „Ich laß' mich doch von Dir nicht vergewaltigen!"

Vierzehnmal war es Dir noch zu früh – oder schon zu spät.

Neunmal war es Dir zu warm – oder zu kalt.

Siebenmal war ich Dir zu betrunken – oder zu nüchtern.

Das waren also einhundertsiebenundneunzig Versuche, Dir nahe zu sein. Sicher: Es ging auch um mich, aber ich habe überhaupt keine Lust, dies auseinanderzudiskutieren.

Dreiundachtzigmal haben wir also im letzten Jahr wirklich miteinander geschlafen. Ich höre Dich schon sagen, daß das ja ganz schön viel und wohl schon in Ordnung sei. Vielleicht hättest Du auch recht, wenn wir da wirklich zusammengewesen wären. Aber diese dreiundachtzigmal sahen für mich folgendermaßen aus:

Siebzehnmal hast Du mich ermahnt, leise zu sein, damit das Kind nicht aufwacht.

Vierzehnmal hast Du mich aufgefordert, doch wenigstens vorher die Fenster zu schließen, damit uns die Nachbarn nicht hören.

Zwölfmal wolltest Du vorher noch unbedingt eine Zigarette rauchen, und während des Rauchens hast Du mir irgendwas erzählt, was wirklich in keinster Weise irgendeine erotische Stimmung zugelassen hat.

Elfmal sollte ich doch bitte nicht so in Deinen Haaren wühlen, da Du ja kurz vorher beim Friseur gewesen warst.

Neunmal bist Du dabei eingeschlafen.

Siebenmal hast Du so ganz nebenbei bemerkt, der Müll sei noch nicht runtergetragen oder die Decke müsse mal wieder gestrichen werden.

Fünfmal ist Dir eingefallen, daß Du morgen unbedingt Deine beste Freundin anrufen mußt, um ihr etwas sehr, sehr Wichtiges zu sagen.

Dreimal hast Du überhaupt nichts gesagt.

Und fünfmal – man stelle sich vor: FÜNFMAL!! – hattest Du wirklich von Dir aus Lust, mit mir ins Bett zu gehen. Du kannst Dir gar nicht vorstellen, daß ich dabei jedesmal abgehoben habe wie ein Flugzeug auf einer recht kurzen Startbahn. Weißt Du auch noch, wann das war? Das war die Nacht nach Deinem Geburtstag und dann noch an Silvester – beide Male warst Du ganz gehörig besoffen. Aber immerhin, Du hast es geschafft, einmal aus Dir auszubrechen. Zweimal hatten wir vorher Krach, daß die Fetzen flogen. Ich kann mich erinnern, daß ich beide Male unheimlich sauer auf Dich war. Wolltest Du damit eigentlich was einrenken? Oder wolltest Du mich dadurch wieder so hinbiegen, wie Du mich gerne hättest? Wahrscheinlich sind Dir die Argumente ausgegangen!

Ja, und dann war da noch die Situation nach diesem chaotischen Fest von Uli. Da warst Du unglaublich scharf auf mich. Das fand ich toll – aber weißt Du noch, was dem vorausging? Ich glaube inzwischen wirklich, daß Du nur so scharf warst, weil ich auf dem Fest mit dieser kleinen, knuddeligen Rothaarigen (ich weiß nicht mal mehr ihren Namen) so heftig geflirtet habe. War das eigentlich so eine Art prophylaktisches Bumsen von Dir?

Ich weiß zwar nicht, wie das auf Dich jetzt wirkt. Ich muß schon sagen, wenn ich mir das alles nochmal durchlese, finde ich die ganze Sache ziemlich trist. Aber vielleicht siehst Du das ja ganz anders. Was ich wirklich nicht auf eine Reihe bekomme: Du machst Dich jetzt einfach dünne. Du flüchtest zu Deiner Freundin, bist beleidigt, brichst die Kommunikation radikal ab, willst Dich von mir trennen, wirfst mir Unaufrichtigkeit und Lügen vor. Du beschimpfst mich. Läßt mich wissen, ich sei einfach zu unsensibel, Deine Bedürfnisse zu fühlen – und vor allem: Du glaubst, Du bist im Recht. Ich habe Dich betrogen – sagst Du allen und läßt Dich in Deiner Märtyrerrolle bescheinen. Um was habe ich Dich denn bitte betrogen? Geht es Dir darum, daß ich mich in der Zeit, als ich das Verhältnis mit Anke hatte, nicht mehr so sehr um Dich bemüht habe? Daran hast Du es ja auch gemerkt! Dir fiel auf, daß ich gar nicht mehr so oft mit Dir schlafen will. Seltsam, ich dachte eigentlich eher, daß es eine Erleichterung für Dich sein müßte. Ich würde wirklich gern wissen, was da die ganze Zeit in Dir vorging! Ich habe immer davon geträumt, daß sich Dein Verhalten einmal ändern könnte; und als ich gemerkt habe, daß sich dieser Traum wohl nie erfüllen wird, habe ich eben meine Realität geändert. Daß die Unaufrichtigkeit, die Lügen nicht in Ordnung waren, darüber brauchen wir nicht zu diskutieren – ich will nur, daß Du verstehst, weshalb es so kommen konnte. Du fühlst Dich jetzt im Recht. Das Recht der Belogenen, das Recht der Betrogenen. Während unserer „gemeinsamen" Zeit habe ich mich immer wieder betrogen gefühlt. Nicht mit einem anderen Mann. Nein, das wäre ja faßbar gewesen. Damit hätte ich mich auseinandersetzen können. Nein, ich hatte immer das Gefühl, Du betrügst mich um viel Wichtigeres. Während dieser ganzen Zeit hast Du mich um Dich und damit auch um uns betrogen.

David

Hallo David,   Mittwoch, den 18. Juli

ich hab Deinen Brief bekommen und ihn sehr genau gelesen. Karin und ich haben lange Zeit darüber diskutiert und wir sind uns ziemlich einig: Eine einzige Zumutung!
Was willst Du eigentlich noch von mir?
Ich verlasse Dich, und Dir fällt nichts besseres ein, als mir aufzurechnen, wie oft ich mit Dir geschlafen hab. Das also ist der Grund für unsere Trennung? Meine Verweigerung hat Dich also dazu getrieben, ein Verhältnis mit Anke anzufangen? Ich soll also wieder mal die Schuldige sein?
Nein! – David, die Zeiten haben sich geändert! Ich komm jetzt auch ohne Dich zurecht. Dabei hab ich mich noch gefreut, als ich den Brief mit Deiner Handschrift im Briefkasten sah. Aber Du schreibst ja nicht mal, daß Du mich und Sarah vermißt! Nicht mal das bringst Du zustande! Du kannst nicht sagen, daß Du traurig darüber bist, daß wir nicht mehr beieinander sind. Du hängst den Buchhalter raus und präsentierst mir eine üble Abrechnung!
Soll ich Dir auch eine Abrechnung machen, wie oft ich alleine zu Hause saß, während Du noch gearbeitet hast – oder hast Du Dich da mit Anke vergnügt? Soll ich Dir auch eine Liste schreiben, wie oft

ich mit Dir sprechen wollte – allerdings immer über andere Dinge als Du! Wie oft habe ich mir gewünscht, daß Du Dich freust, wenn Du nach Hause kommst. Freust auf mich! Aber von wegen. Weißt Du, wie das oft gelaufen ist: „Sigrid. Du weißt doch, ich bin müde!" Für's Bett warst Du anscheinend nie zu müde. Da wolltest Du immer. Egal, ob wir uns verstanden haben oder nicht. Kannst Du Dir vorstellen, daß ich mir da oft wie eine Bierflasche in unserem Kühlschrank vorgekommen bin? Das ging doch nur noch nach dem Prinzip: Der Herr hat Durst, also hin zum Kühlschrank. Öffner drauf und schwupp – ist die Flasche offen. Du hast zwar oft darüber geredet, daß da für Dich irgend etwas nicht so richtig stimmt. Aber Du hast immer auf eine Art darüber geredet, daß ich mir wie eine Schuldige vorkam. Was Du gemacht hast, was Du verlangt hast, schien ja immer in Ordnung zu sein! In Zukunft kannst Du das ja alles mit Anke ausleben – aber warte nur ab, wie lange das geht. Hast Du eigentlich auch eine Strichliste in der Beziehung mit Anke geführt?

Ich hab keine Lust, immer nur der Sündenbock zu sein. Ich will nicht nur einfach das darstellen, was Du Dir in den Kopf gesetzt hast. Wo, bitte, blieb denn in unserer Beziehung mein Leben? Kannst Du Dir denn vorstellen, wie das ist, den ganzen Tag mit Haushalt und Kind beschäftigt zu sein? Hast Du denn eine Ahnung, wie lang so ein Tag sein kann? Kannst Du Dich vielleicht auch mal hineinfühlen, wie das ist, ständig vom Mann Geld zu bekommen, wenn man etwas kaufen will? Kannst Du Dir vorstellen, was das für ein Gefühl ist, dazuliegen und zu denken: Na ja, jetzt braucht er eben wieder Sex? Versuch Dir doch mal klarzumachen, was das heißt, vom Mann abhängig zu sein. Ausgebeutet, nicht nur als Arbeitskraft, sondern auch in der Sexualität! Die Frauen sind eben hier ständig die Verlierer. Nicht nur in der Gesellschaft, auch in den privaten Beziehungen! Und genauso hab ich mich immer bei Dir gefühlt. Als Verliererin! Als diejenige, die ständig darauf bedacht sein muß, auf ihren Mann, auf ihren ‚Herrn' einzugehen. Hier bei Karin, bei den Frauen aus der Gruppe, da spüre ich, was Offenheit ist. Du kennst ja alle Frauen dieser Gruppe. Aber Dich hat doch nie wirklich interessiert, was hier passiert. Ich bin inzwischen der Meinung, daß Frauen eben offener, spontaner, emotionaler als Männer sind. Und ich glaube, das ist etwas, was Du nie begreifen wirst. Du fühlst Dich

immer als Eroberer, als Macher, als derjenige, der weiß, wo's lang
geht. Hier kann ich die ganzen Zwänge einmal ablegen. Das konnte
ich zu Hause mit Dir nie. Du bist immer in dieses „Zuhause" einge-
brochen wie in eine Steinzeithöhle. Statt Deiner Keule hast Du Deine
Aktentasche in die Ecke gepfeffert und mir damit demonstriert: So!
Hier bin ich!

Du konntest und wolltest Dich nie einfühlen in das, was bei mir los
war. Und das ist der Grund, weshalb ich jetzt bei Karin bin. Nicht
Dein völlig unwichtiges Verhältnis mit Anke. Das trifft mich zwar,
aber wirklich nur am Rande.

Du siehst vieles falsch, David.

Sigrid

Liebe Sigrid,   Sonntag, den 22. Juli

schön, daß Du auf meinen Brief reagiert hast. Ich habe mich
zuerst sehr darüber gefreut. Als ich ihn dann aber gelesen habe,
war ich nur noch wütend. Du schreibst, mein Brief sei eine einzige
Zumutung. Was, bitte, ist dann Deiner? Das meiste, was Du
schreibst, kommt doch überhaupt nicht von Dir. Ich kann mir das so
richtig schön vorstellen: Da hockt Ihr also in Eurer seltsamen
Frauengruppe, an Häkeldeckchen, Wollknäueln und parfümiertem
Tee. Und zwischen dem Austausch von Kochrezepten und Modetips
wird mal schnell mein Brief durch die Mangel gedreht. Was dann dabei rauskommt, sind doch nur Plattheiten! Scheinemanzipiertes Gewäsch! Ich würde Dir und auch Deinen Freundinnen empfehlen, wenigstens manchmal auch das Gehirn einzuschalten, bevor Ihr Euren
Stuß loswerdet. Ihr werdet's kaum glauben, aber die eigentliche Be-
stimmung des Kopfes ist wirklich nicht das, was man mit viel
Make-up und teuren Frisuren daran verändern kann!

Du fühlst Dich also ausgebeutet und zwar nicht nur in der Sexualität, sondern auch als Arbeitskraft. Du fühlst Dich als AUSGEBEU-
TETE – und zwar von mir. Ich bin also der AUSBEUTER! Und das
liegt wohl daran, daß Du zur Zeit nicht arbeiten gehst. Haben wir das

nicht ausführlich besprochen, bevor wir uns für ein Kind entschieden haben? Da war es doch klar, daß Du zu Hause bleiben möchtest. Du hast sogar darauf bestanden! Ich wundere mich immer mehr, wie schnell Du solche Dinge vergessen kannst. Aber das dann mir zum Vorwurf zu machen, finde ich ganz schön unfair!

Ich sehe es eigentlich so: Derjenige, der ausgebeutet wird, bin ich! Jeden Tag verkaufe ich meine Arbeitskraft und werde mit der tatsächlichen Macht meiner Vorgesetzten konfrontiert. Natürlich – ich kann mich dagegen auflehnen. Klar – ich kann mich wehren. In letzter Konsequenz müßte ich aber wohl kündigen. Und dann würde ich gerne hören, was Du und vor allem Dein dubioser Frauenzirkel dazu sagen. Wahrscheinlich würde es dann heißen, daß ich mich vor der Verantwortung meiner Familie gegenüber drücke. Toll, was man bzw. frau so alles begründen kann. Ausbeutung ist (lies das ruhig auch Deinen Freundinnen vor!), wenn ich Geld verdiene, in einer unselbständigen Arbeit. Geld übrigens, von dem auch Du ganz gern und gut lebst! Es geht doch überhaupt nicht darum, ob ich auch ständig Spaß an meiner Arbeit habe, ob ich darin meine Erfüllung sehe. Ausbeutung hat doch wohl was mit fehlender Selbstverwirklichung zu tun. Mir macht zwar meine Arbeit oft Spaß, aber mit der ständigen Selbstverwirklichung ist es wirklich nicht sehr weit her. Und stell' Dir doch jetzt mal bitte (sofern Du kannst!) einen Arbeiter am Fließband vor. Erzähl' doch dem mal was von Selbstverwirklichung oder davon, daß er seine Frau ausbeutet. Wenn Du da dann nur die Bierflasche über die Rübe bekommst, bist Du noch ganz gut weggekommen! Du weißt wahrscheinlich gar nicht, daß ich oft neidisch darauf war, daß Du zu Hause etwas Sinnvolles mit dem Kind machen kannst, daß Du kreativ sein kannst. Ich wäre oft froh darüber gewesen, mich so verwirklichen zu können.

So, und wie sieht das denn jetzt mit *Deiner* Ausbeutung aus. Wenn Du mir „kündigst" – und das hast Du ja wohl gerade gemacht – verzichtest Du dann auch gleichzeitig auf Dein „Einkommen"? Von wegen! Du hast sogar das Recht, dieses „Geld" von mir einzuklagen. Tolle Ausbeutung, was? Aber nicht nur das, nicht nur, daß ich Dir jeden Monat Geld geben müßte, nein, Du bist auch noch am gesamten Vermögenszuwachs beteiligt. Das wäre ich in meiner Firma auch mal gern! Du hast also ein Recht auf die Hälfte des Hauses, auf die

Hälfte der Wohnungseinrichtung, auf die Hälfte des Wagens, die Hälfte des Bankkontos. Für Dich scheint dies völlig selbstverständlich zu sein – für mich ist es das! Trotzdem redest Du von Ausbeutung – das ist wirklich nur noch affig! Wenn wir also einmal von einem angenommenen Arbeitsverhältnis zwischen Dir und mir ausgehen (solch' eine Perversion des Denkens!), dann bist Du immer noch so abgesichert, daß von Ausbeutung wirklich keine Rede sein kann.

Und was Du dann noch mit sexueller Ausbeutung meinst, das ist mir überhaupt nicht klar! Du hast wohl in meinem ersten Brief die Stellen überlesen, wo ich Dir klargemacht habe, daß einzig und allein Du entscheidest, was bei uns in Sachen Sexualität abgeht! Aber spielen wir das Spiel doch weiter. Du fühlst Dich also sexuell ausgebeutet. Wahrscheinlich stellst Du Dir vor, daß ich Dir immer etwas bezahle, wenn wir miteinander schlafen – dann würdest Du Dich ja wohl nicht mehr ausgebeutet fühlen. Also Sigrid – bei Deinen sexuellen Aktivitäten gehe ich dann doch lieber zur Fachfrau. Da weiß ich wenigstens, für was ich zahle!

Du schreibst mir, Frauen sind einfach offener, emotionaler, spontaner. So einfach ist das also. So sind sie eben, die Frauen – oder wie? Dann seh doch Dich mal an:

Ist es offener, die eigene Sexualität möglichst aus allen Gesprächen rauszuhalten?

Ist es etwa offen, immer wieder mal einen Orgasmus vorzuspielen, damit frau endlich Ruhe hat – und sich nachher bei der Freundin ausweinen kann?

Ist es spontan, nach dem Grundsatz vorzugehen: „Meinen Partner biege ich mir schon zurecht!"

Ist es offener, vom Partner immer wieder zu verlangen, daß er doch gefälligst zu spüren hat, was bei einem selbst los ist, aber gleichzeitig zu fordern, er solle doch gefälligst sagen, was er hat?

Und wahnsinnig ehrlich ist es wohl auch, Migräne vorzutäuschen, weil frau gerade keine Lust zum Bumsen hat!

Ich kann mir schon vorstellen, wie Dein Frauenzirkel darauf reagiert. „Das muß unter historischen Gesichtspunkten betrachtet werden. Das ist alles nur ein Zeichen der jahrhundertelangen Unterdrückung der Frauen durch das Patriarchat." Da möchte ich Euch überhaupt nicht widersprechen. Aber ich fühle mich, verdammt nochmal, nicht schuldig für die chauvinistischen Anwandlungen irgendwelcher Steinzeitfreaks. Habe ich Dich schon mal vergewaltigt? (Vielleicht liegt's daran. Was Du mir so über die Jungs von Karin erzählt hast, steht sie ja ganz schön auf diese Machos – aber nur im Bett!) Du lebst also spontan, offen und unheimlich emotional. Das wäre toll! Aber wie ist das, wenn ich meine Gefühle in einer Situation auslebe? Na, was bin ich dann? Dann bin ich plötzlich ein chauvinistischer Macker, ein Patriarch, ein Macho, ein brutaler Unterdrücker! Das ist doch Hirnwichserei in höchster Potenz!

Ich würde über unsere Finanzen entscheiden? Sigrid! Wer hat Dir denn diesen Schwachsinn in die Feder diktiert? Du hast doch entschieden, was mit unserem (!!!) Geld gemacht wird. Mir war das doch völlig egal. Habe ich Dir nur ein einziges Mal vorgeworfen, Du würdest zuviel Geld ausgeben? Hast Du nur einmal das Gefühl gehabt, ich würde Dich kontrollieren? Du hast doch die Finanzen geregelt! Ich wollte doch damit – vielleicht aus Bequemlichkeit – überhaupt nichts zu tun haben.

Du schreibst mir, ich würde vieles falsch sehen. Ich habe bei Dir das Gefühl, daß Du vieles gar nicht sehen willst! Du verlangst oder erwartest von mir, daß ich mich in Dich „einfühle". Darf ich das von Dir nicht erwarten? Dich ärgert, daß ich in meinem ersten Brief nicht geschrieben habe, ob ich Dich und Sarah vermisse. Hast du es nötig, das zu hören. Haben wir es nötig? Und wenn – hast Du es mir geschrieben?

David

Hallo David,   Samstag, den 28. Juli

Dein letzter Brief hat bei mir und auch bei den anderen Frauen hier ziemlich unterschiedliche Reaktionen ausgelöst. Vielen ging es so wie mir am Anfang – ich fand alles, was Du geschrieben hast, schlicht und ergreifend blöd. Und zwar so dumm, daß es sich eigentlich gar nicht lohnt, darüber weiter nachzudenken oder ernsthaft zu diskutieren. Erst als ich mit Andrea (Du kennst sie vielleicht noch) über Deinen Brief gesprochen hab, konnte ich einiges anders sehen.

Sie meinte, daß Du ja wohl nur auf meinen Brief reagiert hast, daß Du nur versucht hast, meine Argumente zu widerlegen. Deine Wut konnte sie auch besser verstehen als ich. Und dann hat sie mich gefragt, was denn das, was wir uns da um die Köpfe schlagen, eigentlich mit *uns beiden* zu tun hat. Das hat mich ganz schön getroffen. Ich wußte plötzlich nicht mehr so recht, was ich sagen soll. Wir sind dann zu dem Ergebnis gekommen, daß Du und ich, wie so oft, um den eigentlichen Kern des Problems herumschleichen wie Katzen um zu heiße Milch. Wir verstecken uns hinter irgendwelchen Allgemeinpositionen, um uns selbst nicht zeigen zu müssen. Es ist ja auch bequemer, über die gesellschaftliche Unterdrückung der Frau zu streiten, als das zu sagen, was einen in der eigenen Beziehung verletzt und trifft. Du bist ungerecht in Deiner Wut – und trotzdem, als ich den Brief las, hatte ich plötzlich das Gefühl, das ist dieser David, so wie ich ihn kennengelernt habe. So komisch es klingt, als ich den Brief nochmals las, hatte ich neben meiner Wut auch noch das Gefühl, daß Du mich ernst nimmst – daß es auch Dir ernst ist. Plötzlich fühlte ich mich als gleichwertiger Gesprächspartner, als jemand, mit dem Du Dich wirklich auseinandersetzt. Das war ein Gefühl, das ich in letzter Zeit bei Dir nicht mehr hatte. Entweder fühlte ich mich als Hausmädchen oder als Betthäschen. Ich behaupte nicht, daß Du mich so behandelt hast – aber ich hab mich so gefühlt. Vielleicht kommen sogar einige unserer Schwierigkeiten gerade daher. Ich habe, wenn Du mit mir ins Bett wolltest, oft Ausreden gesucht und Dir auch manchmal was vorgespielt. Mag sein, daß ich einfach mehr Zeit dazu brauche als Du. Vielleicht hatte ich auch Angst, zu mir selbst, zu meinen Bedürfnissen zu stehen. Du hast nie lange gefragt. Du hast einfach gemacht – und ich hatte immer das Gefühl, da fehlt noch was. Ich glaube inzwischen, daß sich ein wichtiger Teil von mir einfach nicht entwickeln konnte. Betthäschen und Hausmädchen ist zu wenig. Gleichwertiger Gesprächs-und Lebenspartner für Dich sein – dieses Gefühl hatte ich fast nie.

Das erklärt zwar, weshalb ich oft unzufrieden war. Ein großer Teil dieser Unzufriedenheit hat aber auch mit mir zu tun. Es macht mich wütend, daß von einer Hausfrau erwartet wird, die Küche möglichst keimfrei zu halten und ihrem Mann ein behagliches Zuhause zu schaffen. Gleichzeitig erschrecke ich darüber, daß ich genau dies so einfach mitgemacht habe. Du hast mich nie dazu gezwungen – manchmal war es Dir sogar zuviel. Und trotzdem hab ich diese Ansprüche übernommen und ganz allmählich zu meinem Leitbild werden lassen. Meine eigene Unzufriedenheit über diese Situation hat sich dann eben oft da entladen, wo es für mich am einfachsten war – bei Dir.

Gleichzeitig hab ich von dem, was Du den ganzen Tag machst, was Dir ja auch wichtig ist, kaum etwas mitbekommen. Ich hab nur noch die Auswirkungen abgekriegt. Du warst müde und geschafft und wolltest Dich mit anderen Problemen nicht mehr auseinandersetzen. Die Entwicklung von Sarah hast Du nur am Rande, am Wochenende mitbekommen. Mich hat diese alleinige Verantwortung manchmal ziemlich belastet und fertiggemacht.

Stell Dir doch mal vor, Du würdest den ganzen Tag so vor Dich hinarbeiten. Ich rede nicht davon, daß mich die Hausarbeit oder die Beschäftigung mit Sarah körperlich fertiggemacht hat, aber es gab eben jeden Tag unzählige kleine Problemchen, Aufreibereien. Du kannst dies meist alles im Geschäft abreagieren. Du kannst, wenn Du über etwas wütend bist, wenn Dich etwas belastet, sofort Luft ablassen. Ich konnte dies meistens nicht – und wenn Du dann nach Hause gekommen bist und ich Dir von meinen Problemen erzählt habe, hatte ich oft das Gefühl, Dich interessiert das gar nicht. Du hast mir zwar zugehört – aber mit Deinen Gedanken warst Du irgendwo weit weg. Ich wollte viel von meinem täglichen Frust auf Dich abladen und habe von Dir erwartet, daß Du auf mich eingehst. Ich erwarte dies immer noch. Aber vielleicht sollte ich ein wenig ausfiltern, was denn nun wirklich Dich angeht und was ich wohl besser mit mir selbst ausmache. Wenn ich diese Zeilen jetzt nochmals durchlese, merke ich, daß es mir immer noch unheimlich schwerfällt, nicht drumrum zu reden und nicht auszuweichen. Andrea hat mir gestern abend gesagt, daß ich auch für das verantwortlich bin, was ich nicht sage. Das hat ganz schön gesessen! Vieles, was mir Schwierigkeiten in unserer Beziehung macht, hab ich wirklich nicht ausgesprochen. Ich wollte es Dich fühlen lassen und hab erwartet, daß Du es dann schon merkst. Und wenn Du es nicht bemerkt hast, war ich sauer.

Von Dir hab ich diese Offenheit erwartet – und wenn ich das Gefühl hatte, jetzt sagst Du mal wieder was nicht, bist nicht offen, hat mir das ganz schön gestunken.

Manchmal kommt es mir jetzt so vor, als sei unsere ganze Beziehung von einem komischen Spiel geprägt, von dem wir beide die Spielregeln nicht kennen. Das Spiel heißt: Wer hat wen in der Hand?

Vielleicht ist das der Grund, warum es bei uns beiden in letzter Zeit nicht mehr stimmt. Ich weiß es nicht genau. Ich weiß nur, es ist sicher nicht die Sexualität – ich hab nämlich viel öfter Lust auf Dich, als Du denkst. Es ist auch nicht das Gefühl, daß ich mich manchmal ausgebeutet oder ausgeliefert fühle. Ich kann auch nicht sagen, daß Du nicht auf mich eingehst.

Weißt Du, es macht mir richtig Angst, daß es da so viele Punkte gibt, bei denen ich einfach nicht durchblicke. Ich kann jetzt ein wenig verstehen, daß Du oft wütend auf mich warst – daß ich Dich auch oft verunsichert habe. Vielleicht kannst Du auch ein wenig verstehen, was bei mir los ist.

Sigrid

P. S. Sarah geht es hier sehr gut. Sie versucht gerade zu krabbeln und ist immer sehr wütend, wenn es nicht so richtig klappt. Auch ich fühle mich hier wohl. Viele Spannungen der letzten Zeit haben sich abgebaut und ich spüre, daß einiges in Bewegung gekommen ist. Manchmal vermisse ich Dich.

Liebe Sigrid,   Mittwoch, den 1. August

ich freue mich, daß Du mich ein wenig vermißt. Seltsam, das war für mich der wichtigste Satz in Deinem Brief. Ich vermisse Dich nicht nur manchmal. Du fehlst mir sehr!

Mir ist auch vieles unklar in unserer Beziehung. Aber Du hast recht, unsere Diskussionen hatten und haben mit dem, was bei uns los ist, meistens nichts zu tun.

Wenn ich es mir überlege, war es wohl tatsächlich häufig so, daß unsere Auseinandersetzungen Machtspiele waren. Wer hat wen in der Hand, schreibst Du, und vielleicht war dies ein Verhalten, das uns immer wieder ganz schön zu schaffen machte. Ich habe mich Dir oft ausgeliefert gefühlt und war wirklich der Ansicht, daß Du mich in der Hand hast – vor allem natürlich, wenn ich mit Dir schlafen wollte. Da konntest Du mich immer hervorragend um den Finger wickeln – ich habe mich natürlich auch gern und leicht wickeln lassen, ich wollte ja etwas von Dir. In anderen Situationen habe ich wohl auch oft meine Waffen ausgespielt, Dich an die Wand geredet und vielleicht auch manchmal spüren lassen, daß ich der Macher bin oder jedenfalls gern wäre. Was mir aber wirklich nicht klar ist: Weshalb spielen wir dieses komische Spiel? Du schreibst mir, daß Du ja viel öfter mit mir schlafen wolltest, als ich mir vorstelle. Weshalb hast Du es mir nicht gezeigt? Weshalb hast Du es nicht einfach gemacht? Also damit komme ich überhaupt nicht klar!

Ich habe mich innerlich eigentlich immer unsicher gefühlt, wenn wir miteinander im Bett waren, und wußte nie, wie Du auf meine Aktivitäten reagierst. Es war jedesmal ein Glücksspiel für mich. Ich versuchte auf Dich einzugehen, aber egal was ich auch tat, es konnte immer auch falsch sein. Ich wollte, daß es Dir Spaß macht – denn nur dann macht es ja auch mir Spaß. Wahrscheinlich war ich viel zu sehr damit beschäftigt, herauszufinden, was Du denn jetzt eigentlich willst. Darüber habe ich sicher häufig mich vergessen, war angespannt und verkrampft.

Wenn Du schreibst, daß Du viel öfter mit mir schlafen wolltest, es aber nicht gemacht hast – was steckt dann dahinter? War dies auch ein Machtspiel? Wolltest Du mir klarmachen, daß Du mich damit in der Hand hast? Es wäre sehr wichtig für mich, wenn Du mir das ein wenig erklären könntest!

Seit Du weg bist, merke ich, was ich oft an Selbstverständlichkeiten einfach erwartet habe. Ich glaube, alles das, was seither so ,normal' für mich war – vielleicht weil es eben immer so war – sehe ich jetzt ein wenig anders. Es ist schon ganz schön schlimm, wenn so vieles in einer Beziehung zwischen zwei Menschen ,ganz normal' wird. Vielleicht ist es auch das, um was wir uns immer wieder bemühen müssen. Ich glaube, wir müssen darauf achten, daß eben nichts

‚normal' ist, sondern immer und vor allem das ‚Außergewöhnliche'
im anderen sehen und darauf achten.

Es wäre schön, wenn Ihr, Du und Sarah, jetzt hier sein könntet. Die
Situation macht mir ganz schön zu schaffen.

David

Lieber David, Samstag, den 4. August

ich habe immer noch Schwierigkeiten herauszufinden, was denn
nun eigentlich wirklich los ist. Wo soll ich anfangen?

Mir ist schon klar, daß ich Dich um den Finger wickeln konnte –
ich hab's ja oft genug gemacht. Aber gleichzeitig wollte ich, daß Du
Dich nicht um den Finger wickeln läßt. Ich weiß wirklich nicht, wie ich
Dir dieses Gefühl erklären soll. Ich glaub, ich wollte Dich immer gern
so, wie Du wirklich bist und nicht so, wie Du manchmal warst, weil
Du geglaubt hast, daß ich Dich gern so will. Gleichzeitig wollte ich
aber auch, daß Du auf mich eingehst. Die ganze Sache ist wahnsinnig vertrackt. Wenn Du so bist, wie Du bist, bin ich unzufrieden.
Wenn Du aber so bist, wie ich es von Dir erwarte, bin ich auch unzufrieden. Dann denke ich nämlich, das machst Du jetzt nur, weil ich
es so will und nicht aus Dir heraus. Ich kann's momentan wirklich
nicht besser erklären. Vielleicht verstehst Du, was ich meine. Mir fällt
da ein blödes Beispiel ein: Wenn Du etwas anziehst, was mir nicht
gefällt, beschwatz ich Dich solang, bis Du etwas anderes anziehst.
Wenn Du das dann anhast, ist das irgendwo auch nicht ganz okay
für mich. Du hast das ja dann nur angezogen, weil ich es wollte.
Also denk ich mir, daß Dir das ja auch nicht recht sein kann. Und
irgendwie schaff ich es dann auch oft, Dich durch meine Fragen und
Bemerkungen so weit zu bringen, daß Du Dich wirklich nicht mehr
wohl fühlst – und schon ist meine Ahnung bestätigt.

Vielleicht war es in unserer Sexualität ähnlich. Klar wollte ich öfter
mit Dir schlafen, als Du vermutet hast. Aber Du wolltest ja eigentlich
immer. Ich konnte meine eigenen Aktivitäten gar nicht ausleben –
ich konnte höchstens offene Türen einrennen. Du hast ja immer dar-

auf gewartet und mich damit natürlich in eine Situation gedrängt, in der ich immer zu entscheiden hatte, ob wir jetzt miteinander schlafen oder nicht. Ich mußte mich im Bett nie um Dich bemühen – und darin liegt doch auch ein Reiz. Weißt Du, wenn ich sehr gerne etwas hätte, was sowieso immer für mich da ist, dann muß ich von mir aus nichts mehr dazutun – aber gleichzeitig ist die ganze Spannung weg. Es ist kindisch, ich weiß! Aber ich glaube, das ist dann auch der Punkt, wo aus der ganzen Sache ein Spiel wird – ein Spiel, in dem es Gewinner und Verlierer gibt – ganz schön bekloppt, was?

Weißt Du, wir haben doch beide davon geträumt, daß sich bei uns alles ganz anders entwickelt. Was heißt, wir haben davon geträumt? Wir waren uns sicher! Diesen ganzen Beziehungsquark, der um uns herum ablief, haben wir belächelt. So geht es uns nie – dachten wir. Ich weiß nicht genau, wann es wirklich damit angefangen hat. Ich bin auch der Meinung, daß dies für uns jetzt nicht so wichtig ist. Wir haben uns viel zu oft über Nebensächlichkeiten die Köpfe eingeschlagen. Inzwischen bin ich überzeugt, daß dies nur Ablenkungsmanöver waren. Wir wollten uns ja gar nicht tatsächlich mit uns selbst beschäftigen. Und das ist etwas, was ich jetzt kann. Ich empfinde das als sehr schön und wichtig für mich. Hier bei Karin bin ich erstmal raus aus der ganzen Situation. Ich kann alles ein wenig distanzierter sehen – und ich glaube, auch kritischer. Ich hoffe, Du kannst das verstehen.

Ich will mich wirklich nicht davonstehlen. Ich will mich mit Dir, mit unserer Beziehung auseinandersetzen, sonst würde es diesen Briefwechsel wohl nicht geben. Aber ich brauch Zeit, um mit mir wieder ein wenig klarzukommen. Bitte versteh das. Wenn ich mir jetzt diese Zeit für mich nicht nehme, werden wir sicher ziemlich schnell wieder da stehen, wo dieser ganze Mist mal angefangen hat.

Es ist mir sehr ernst mit uns, und es ist mir wichtig.

Alles Liebe

Sigrid

Liebe Sigrid,   Mittwoch, den 8. August

Du bist jetzt schon fast vier Wochen weg. Ich kann gut verstehen, daß Du Zeit brauchst, um einiges klarer zu sehen. Aber kannst Du nicht auch verstehen, daß mir gerade das, was jetzt bei Dir abläuft, sehr wichtig ist. Du kannst doch nicht erwarten, daß Du irgendwann einmal – schon wieder entscheidest Du – wieder in unsere Wohnung kommst und alles ist klar. Natürlich, Du hast Dich vielleicht verändert, siehst dann vieles anders, bist mit Dir klar, aber ich kann das zum einen dann vielleicht gar nicht nachvollziehen, und zum anderen hat sich in dieser Zeit ja auch in mir etwas bewegt. Ich halte es nicht für gut, daß Du so wichtige Dinge – wichtig und entscheidend für unsere Beziehung – ohne mich klären willst. Aber ich versuche es zu akzeptieren.

Ich werde übermorgen mit Stefan zwei Wochen nach Italien fahren. Das war zwar nicht geplant, aber ich glaube, auch für mich ist es wichtig, einmal aus dem ganzen Schlamassel rauszukommen und einfach was anderes zu sehen.

Ich bin ziemlich traurig, daß wir jetzt nicht gemeinsam irgendwohin fahren, gleichzeitig bin ich aber auch froh, hier wegzukommen. Es gibt hier zu vieles, was mich immer wieder an Dich, an uns erinnert. Ich kann hier nicht einmal allein in ein Café gehen, ohne daß mir irgendeine Situation einfällt, die mit uns zu tun hat.

Ich will Dich zu nichts drängen, ich möchte Dich nur bitten, vergiß nicht, daß nicht nur Du Dich in dieser Zeit änderst. Auch ich werde nicht mehr da sein, wo ich war, als Du gegangen bist. Ich weiß nicht, wo ich stehen werde. Ebensowenig weiß ich, wo Du stehen wirst. Ich hoffe nur, daß es nach dieser Zeit noch gemeinsame Wege für uns gibt.

Drücke Sarah fest von mir!
Ich umarme Dich

David

> Wie nun? Ich bin.
> Aber ich habe mich nicht.
> Darum werden wir erst.
> (Ernst Bloch)

Anmerkungen

Autoren- und Quellenverzeichnis

Zu: Heinz Körner – Mit offenen Karten

1 Bhagwan Shree Rajneesh: Beziehungsdrama oder Liebesabenteuer, Sannyas Verlag, Meinhard-Schwebda 1983, Seite 8.
2 Jörg Bopp: Die Mamis und die Mappis, in: Kursbuch 76, Kursbuch/Rotbuch Verlag, Berlin 1984, Seite 68.
3 Helmut Barz: Männersache, Kreuz Verlag, Zürich 1984, Seite 8.
4 Jörg Bopp: a.a.O., Seite 58.
5 Judith Jannberg: Ich bin ich, Fischer Taschenbuch Verlag, Frankfurt 1982.
6 Bhagwan Shree Rajneesh: a.a.O., Seite 9.
7 Jörg Bopp: a.a.O., Seite 59.
8 Volker Elis Pilgrim: Die Elternaustreibung. Claasen Verlag, Düsseldorf 1984.
9 Ein trauriges, aber treffendes Beispiel (Adolf Hitler) schildert Alice Miller: Am Anfang war Erziehung, Suhrkamp Verlag, Frankfurt 1980, Seite 169ff.
10 Zum Beispiel Simone de Beauvoir.
11 Alice Miller spricht gar von der Mutter als Medium der Gesellschaft: Das Drama des begabten Kindes, Suhrkamp Verlag, Frankfurt 1979, Seite 159ff.
12 Alice Miller: Am Anfang war Erziehung, a.a.O., Seite 225f.
13 Judith Jannberg: a.a.O.
14 Judith Jannberg: Ich bin eine Hexe, Verlag Gisela Meussling, Bonn 1984.
15 Judith Jannberg: Ich bin eine Hexe, a.a.O., Seite 91.
16 Ekkehard Kloehn: Typisch weiblich? Typisch männlich? Rowohlt Taschenbuch Verlag, Reinbek 1982.
17 Bhagwan Shree Rajneesh: a.a.O., Seite 41.
18 Siehe auch Judith Jannberg: Ich bin eine Hexe, a.a.O., Seite 83ff.
19 Bhagwan Shree Rajneesh: a.a.O., Seite 41f.
20 Alles zitiert nach: Wilhelm Melzer: Der frustrierte Mann, Verlag Fritz Molden, München 1981, Seite 234f.
21 Elaine Morgan: Der Mythos vom schwachen Geschlecht – Wie die Frauen wurden was sie sind (zitiert nach Wilhelm Melzer: a.a.O.).
22 Bhagwan Shree Rajneesh: a.a.O., Seite 42.
23 Charlotte Seeling: Der neue Mann, in: Cosmopolitan special, Attika Verlag, Zug 1984, Seite 8.

Zu: Roland Kübler – Zwischen Traum und Trauma

1 Verena Stefan: Häutungen, Verlag Frauenoffensive, München 1975, Seite 83.
2 Herb Goldberg: Der verunsicherte Mann, Diederichs Verlag, Düsseldorf–Köln 1977, Seite 13.
3 John Gagnon/William Simon: Sexual Condukt, Aldine 1973, zitiert aus: Bernie Zilbergeld: Männliche Sexualität, Deutsche Ges. f. Verhaltenstherapie, Tübingen 1983, Seite 9f.
4 Herb Goldberg: a.a.O., Seite 178.
5 Bernie Zilbergeld: a.a.O., Seite 16.
6 Bernie Zilbergeld: a.a.O., Seite 12f.
7 Simone de Beauvoir: Das andere Geschlecht, zitiert aus: Wilhelm Melzer: Der frustrierte Mann, Molden-Verlag, München 1981, Seite 234.
8 Germaine Greer: Der weibliche Eunuch, Fischer-Verlag, Frankfurt/Main 1974, Seite 280.
9 Kate Millett: Sexus und Herrschaft, zitiert aus Wilhelm Melzer, a.a.O., Seite 235.
10 K. Eichner, W. Habermehl: Der Ralf-Report, Das Sexualverhalten der Deutschen, Hamburg 1978.
11 Herb Goldberg, a.a.O., Seite 22.
12 Bernie Zilbergeld: a.a.O., Seite 4f.
13 Herb Goldberg, a.a.O., Seite 11.
14 Germaine Greer, a.a.O., Seite 191f.
15 Verena Stefan, a.a.O., Seite 86.
16 Verena Stefan, a.a.O., Seite 62.
17 Verena Stefan, a.a.O., Seite 64.
18 Sam Keen, Die Lust an der Liebe. Beltz Verlag, Weinheim 1984, zitiert aus: „psychologie heute", Weinheim August 1984, Seite 26.

Zu: Adalbert Schmidt – Wer ist Opfer? Wer ist Täter?

1 „Matriarchat" als Frauenherrschaft zu erklären, ist irreführend. Frauenherrschaft, im Sinne von Männerherrschaft, hat es nie gegeben. Matriarchate hatten durchweg ein anderes Gesicht und damit eine andere Geschichte als das Patriarchat.

2 So in Bronislaw Manilowsky: Gesellschaft und Verdrängung in primitiven Gesellschaften, Rowohlt-Verlag, Hamburg 1962.

3 Nach Alice Miller: Am Anfang war Erziehung, Suhrkamp Verlag, Frankfurt 1980.

4 Die Tochter Reagans sei für unverheiratetes Zusammenleben und gegen Gefängnis beim Gebrauch von Marihuana. Stuttgarter Nachrichten vom 8. Juni 1984.

5 Unter Schwulität verstehe ich in erster Linie eine verwässerte zweideutige Gefühlseinstellung zur Frau und nicht so sehr die sexuelle Handlung zwischen zwei Männern.

6 Johann Jakob Bachofen (Rechtshistoriker 1815–1887, Begründer der Theorie vom Mutterrecht): Mutterrecht und Urreligionen, Alfred Kröner Verlag, Stuttgart.

Heinz Körner (Herausgeber)

Jahrgang 1947, lebt bei Stuttgart. Durch sein erstes Buch JOHANNES (1978) wurde er als Schriftsteller bekannt. Seitdem sind noch folgende erfolgreiche Anthologien und Bücher von ihm erschienen: EIFER-SUCHT (1979), HEROIN (1980), DIE FARBEN DER WIRKLICHKEIT (1983), WIEVIELE FARBEN HAT DIE SEHNSUCHT (1986), SARAH (1994), ALLE FARBEN DIESER WELT (1995) sowie zwei kleine illustrierte Heftchen: EIN MÄRCHEN (1981) und ALLE MACHT DEN TRÄUMEN (1994).

Roland Kübler (Herausgeber)

Jahrgang 1953, lebt bei Stuttgart. Durch seine Märchen in DIE FARBEN DER WIRKLICHKEIT (1983) wurde er als Autor bekannt und beliebt.

Ernest Borneman

geboren am 12. April 1915 in Berlin, im Juni 1995 verstorben. Zusammenarbeit mit Wilhelm Reich in den letzten Jahren der Weimarer Republik. Studium der Archäologie und Vorgeschichte bei Vere Gordon Childe (Edinburgh), der Sozialanthropologie bei Bronislaw Malinowski (London), der Kulturanthropologie bei Melville J. Herskovits (Evanston, Illinois) und der Ethnoanalyse bei Gézah Róheim (New York). Vorsitzender der Österreichischen Gesellschaft für Sexualforschung und der Deutschen Gesellschaft für sozialwissenschaftliche Sexualforschung. Zahlreiche Bücher, u. a. DAS PATRIARCHAT (1975) und DIE URSZENE (1978). In dem Band EIFERSUCHT (1980) aus dieser Reihe ist er ebenfalls mit einem wichtigen Beitrag vertreten.

Erich Rauschenbach

geboren 1944, lebt seit 1952 in Berlin. Studium an der (heutigen) Hochschule der Künste. Seit 1973 freiberuflicher Karikaturist und Mitarbeiter zahlreicher Zeitungen und Zeitschriften. Schul-, Kinder- und Sachbuchillustrationen. Bei seinen Beiträgen, in diesem Buch handelt es sich um Abdrucke aus: ICH BIN SCHON WIEDER ERSTER! © Lappan Verlag GmbH, Oldenburg.

Adalbert Schmidt

geboren 1937, lebt in Oppelsbohm bei Stuttgart. Nach Abschluß einer Lehre lebte er drei Jahre in England, anschließend machte er Gebrauch vom zweiten Bildungsweg und studierte Sozialarbeit. Seit 1972 Bewährungshelfer, seit 1978 zusätzlich Therapeut. Mehrere kleinere Beiträge für Zeitschriften; 1980 Beteiligung an dem Band EIFERSUCHT (aus dieser Reihe). Zur Zeit baut er mit mehreren Menschen eine Lebensgemeinschaft im Hohenlohe'schen auf.

Wir danken allen Autoren für Ihre Mitarbeit und dem Lappan Verlag für die freundliche Genehmigung zum Abdruck der gewählten Karikaturen.

Die Liebe
ist ein
Kind der Freiheit

Ernest Borneman
Heinz Körner   Edit Lankor
Arno Plack   Adalbert Schmidt

Eifer
sucht

Ein Lesebuch für Erwachsene

lucy körner verlag

128 S., 18,- DM, 140,- ÖS, 19,10 SFR

Aber keine Droge
ersetzt
die Wärme deines Körpers;
nichts ist vergleichbar
mit deinem Lächeln
morgens,
nach einer durchliebten Nacht.